Energy Can Be Done

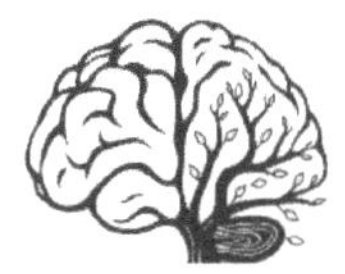

इस पुस्तक में प्रकृति के विभिन्न वरदानों को दर्शाया गया है। इसमें दिखाया गया है कि प्रकृति में मनुष्यों और जानवरों के प्रति कितनी असीम करुणा है। इसमें लेखक ने दिखाया है कि कैसे हमारा मन अदृश्य तरीके से प्रकृति से जुड़ा हुआ है, जिसके बारे में हमें पता भी नहीं है, जबकि पूरा संसार, ब्रह्मांड प्रकृति की ऊर्जा से भरा हुआ है, जो एक रहस्यमयी चीज है।.

Shubham K.Singh

प्राकृतिक ऊर्जा करेगी

स्वीकृतियाँ

मैं उन सभी लोगों का हृदय से आभार व्यक्त करता हूँ जिन्होंने इस पुस्तक **"एनर्जी कैन बी डन"** को पढ़ने में अपना बहुमूल्य समय दिया। यह पुस्तक उनके अनुभवों, अटल विचारों, प्रोत्साहन और कई दृष्टिकोणों से मार्गदर्शन के बिना संभव नहीं हो पाती। सबसे पहले और सबसे महत्वपूर्ण बात,

मैं अपने पाठकों के प्रति अपनी गहरी कृतज्ञता व्यक्त करना चाहूँगा - आपकी जिज्ञासा और ज्ञान की प्यास मुझे नए विचारों का पता लगाने और अपनी अंतर्दृष्टि साझा करने के लिए प्रेरित करती है। आपका समर्थन लेखन के प्रति मेरे जुनून को बढ़ाता है, और मैं वास्तव में आभारी हूँ।.

मैं अपने परिवार और बड़ी बहन (एम.डी.) का दिल से आभार व्यक्त करता हूँ, जिनका मेरे काम में अटूट विश्वास इस पूरी यात्रा में प्रेरणा का स्रोत रहा है। आपके प्रोत्साहन और रचनात्मक प्रतिक्रिया ने इस पुस्तक को आकार देने में महत्वपूर्ण भूमिका निभाई है।

जिन्होंने अमूल्य अंतर्दृष्टि और चर्चाएँ साझा की हैं, जिससे ऊर्जा, इसकी क्षमता और इसकी परिवर्तनकारी शक्ति के बारे में मेरी समझ समृद्ध हुई है। प्रकृति के दृष्टिकोण ने इस पुस्तक में गहराई जोड़ी है, जिससे यह अधिक व्यापक मार्गदर्शिका बन गई है।.

अंत में, मैं उन अनुभवों, ज्ञान और चुनौतियों के लिए आभारी हूँ जिन्होंने ऊर्जा और इसकी असीम संभावनाओं के बारे में मेरे दृष्टिकोण को आकार दिया है। सीखे गए हर पाठ ने इस पुस्तक के सार में योगदान दिया है, और मुझे उम्मीद है कि यह उन सभी लोगों के लिए प्रेरणा का काम करेगी जो अपने जीवन में ऊर्जा की वास्तविक क्षमता को अनलॉक करना चाहते हैं।

कृतज्ञता के साथ

“Shubham K. Singh (शुभम के. सिंह)”

विषयसूची

अध्याय 3: विचार की समझ

नकारात्मक विचारों पर काबू पाना - भय, संदेह और चिंता से लड़ना।.

अध्याय 4: कल्पना से वास्तविकता तक रचनात्मकता

स्वतः सुझाव क्या आप चाहेंगे कि मैं किसी विशिष्ट अध्याय को परिष्कृत या विस्तारित करूं?

अध्याय 5: स्वयं के साथ शांति का समय।

अध्याय 6: बचपन की खुशियाँ और उसके प्रति लगाव

- (9 बचपन और वयस्कता का निर्माण).

अध्याय 7: सकारात्मक सोच का जादू, हमारा नहीं।

अध्याय 8: ध्यान भटकाने की क्षमता और उसकी शक्ति।

अध्याय 9: चींटियों की धारणाओं की कहानी।

अध्याय 10: खुशी की प्रेरणा का अभाव और ताला।

अध्याय 11: यात्रा सकारात्मक विचारों को जन्म देती है, एक विचार जनरेटर की तरह।

अध्याय 12: वास्तविक ध्यान।

अध्याय 13: आभासी खुशी मुझे बेवकूफ बनाती है।.

यहाँ मन पर एक पुस्तक है, जिसमें मनोविज्ञान, तंत्रिका विज्ञान, **चेतना** *और व्यक्तिगत विकास के विभिन्न पहलुओं को शामिल किया गया है:*

अनुक्रमणिका

लेखक के बारे में

Shubham K. Singh भारत के नागरिक हैं, जहां वे एक दशक से अधिक समय से रह रहे हैं, और भारत के एक गाँव में जहाँ उनका जन्म हुआ। एक सॉफ्टवेयर इंजीनियर, प्रेरक वक्ता के रूप में जाने जाते हैं, उन्होंने पहले भारत के नोएडा शहर में काम किया, वर्ष 2016 से भारत के एक शहर से अपनी सॉफ्टवेयर इंजीनियरिंग की डिग्री पूरी की, उसके बाद उन्होंने 2019 से एक प्रेरक वक्ता और लेखक के रूप में अपनी यात्रा शुरू की, इससे पहले, वर्ष 2017 से 2018 में,

उन्होंने एक गायक के रूप में एक संस्थान से संगीत सीखा और गायक बनने के लिए न्यूनतम प्रयास किए और एक बेहतर गायक बनने के लिए भारत में एक बड़े मंच पर ऑडिशन दिया, पहले चरण में चयनित होने के बाद लेकिन दुर्भाग्य से दूसरे चरण में समूह से बाहर हो गए, शायद प्रकृति को कुछ और ही मंजूर था। और आज शुभम के सिंह एक सॉफ्टवेयर इंजीनियर, प्रेरक वक्ता और प्रेरित लेखक के रूप में पहचाने जाते हैं। इस पुस्तक का निम्नलिखित भाषाओं में अनुवाद किया गया है। ताकि पूरा विश्व जीवन के रहस्यों का आनंद ले सके और प्रकृति और खुद के प्रति प्रेम से प्रेरित हो सके।

परिचय

पुस्तक का उद्देश्य है:

ऊर्जा की शक्ति - भौतिक और आध्यात्मिक दोनों - और हमारे जीवन पर इसके प्रभाव का एक विचारोत्तेजक अन्वेषण। यह पुस्तक इस बात पर गहराई से नज़र डालती है कि ऊर्जा हमारे कार्यों, विचारों और हमारे आस-पास की दुनिया को कैसे आकार देती है,

व्यक्तिगत विकास, उत्पादकता और सफलता के लिए इसका प्रभावी ढंग से उपयोग करने के बारे में अंतर्दृष्टि प्रदान करती है। निरंतर गति से आगे बढ़ने वाली दुनिया में, ऊर्जा अदृश्य और रहस्यमयी शक्ति है जो लक्ष्यों को प्राप्त करने, बाधाओं को दूर करने और संतुष्टिदायक जीवन जीने की हमारी क्षमता निर्धारित करती है।

चाहे वह हमारे भीतर की ऊर्जा हो - हमारी मानसिकता, भावनाएँ और प्रेरणा - या प्रकृति और तकनीक में मौजूद ऊर्जा, इसे प्रबंधित और अनुकूलित करने का तरीका समझना हमारे जीने और काम करने के तरीके को बदल सकता है। आकर्षक अंतर्दृष्टि, वास्तविक जीवन के

उदाहरणों और कार्रवाई योग्य रणनीतियों के माध्यम से, एनर्जी कैन बी डन पाठकों को ऊर्जा के प्रति अपने दृष्टिकोण पर पुनर्विचार करने और इसके सभी रूपों में इसकी पूरी क्षमता और शक्ति को अनलॉक करने के लिए प्रोत्साहित करती है।

चाहे आप छात्र हों, पेशेवर हों, उद्यमी हों या बस कोई ऐसा व्यक्ति जो अपने जीवन को बेहतर बनाने की उम्मीद कर रहा हो, यह पुस्तक ऊर्जा प्रबंधन की कला में महारत हासिल करने के लिए एक मार्गदर्शक के रूप में कार्य करती है।• अधिक दक्षता और ध्यान केंद्रित करने के लिए ऊर्जा को निर्देशित करने के लिए व्यावहारिक तकनीकें प्रदान करें।

• ऊर्जा के वैज्ञानिक, प्राकृतिक, मनोवैज्ञानिक और दार्शनिक पहलुओं का अन्वेषण करें।

• हमारे दैनिक जीवन में ऊर्जा की छिपी क्षमता को उजागर करें।

• हमारे पाठकों को बेहतर भविष्य के लिए सकारात्मक ऊर्जा आदतें विकसित करने और प्रकृति से अपने संबंध को महसूस करने और अनुभव करने के लिए प्रेरित करें।

खोज की इस यात्रा में मेरे साथ जुड़ें, और आइए उद्देश्य, संतुलन और उपलब्धि से भरा जीवन बनाने के लिए प्रकृति की ऊर्जा की असीम शक्ति का उपयोग करें।t.

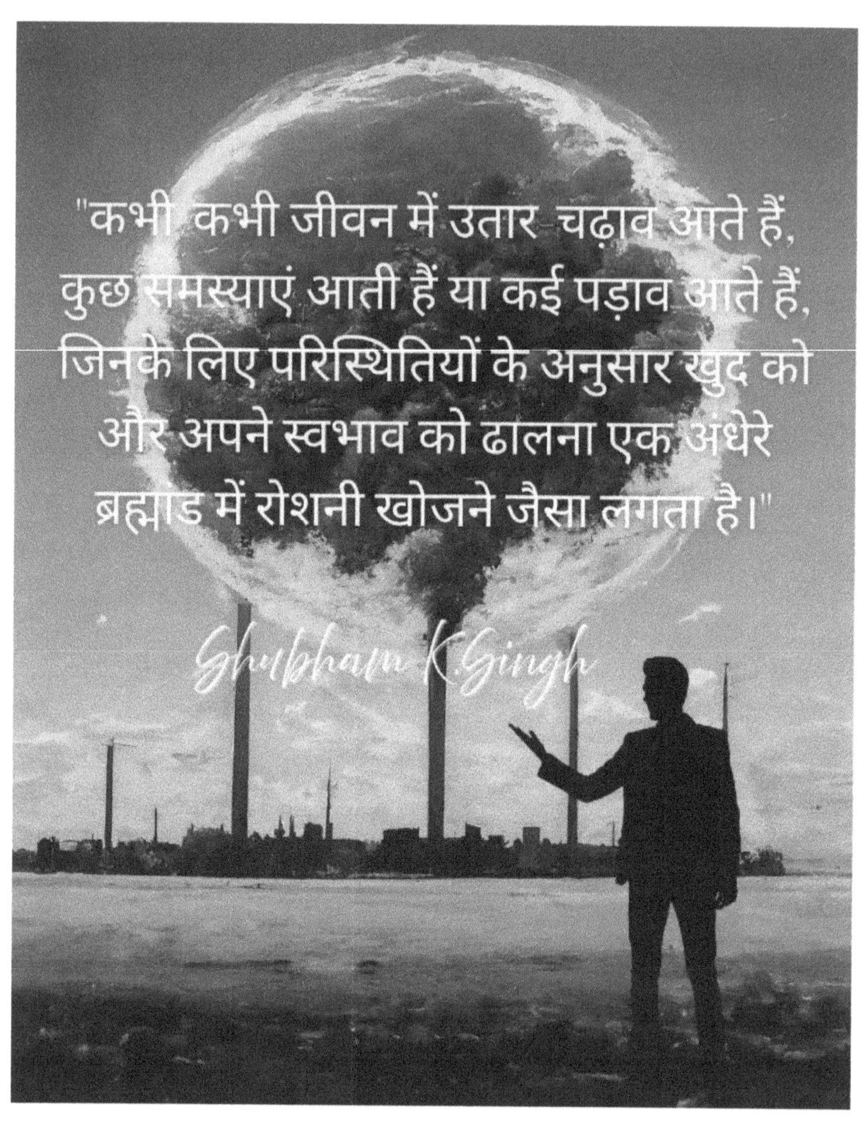

"कभी-कभी जीवन में उतार-चढ़ाव आते हैं, कुछ समस्याएं आती हैं या कई पड़ाव आते हैं, जिनके लिए परिस्थितियों के अनुसार खुद को और अपने स्वभाव को ढालना एक **अंधेरे** ब्रह्मांड में रोशनी खोजने जैसा लगता है।"

 Shubham K.Singh

अध्याय 1

शरीर की प्रकृति एवं संभावितऊर्जा

जीवन का वह हिस्सा जो हमारे सामान्य अनुभव से परे है और जिसे हम इतनी आसानी से नहीं समझ सकते, इसके लिए हमें खुद को और शरीर के भीतर की ऊर्जा को बेहतर तरीके से उजागर करने की जरूरत है। दरअसल, हमारे शरीर के हर हिस्से में ऊर्जा प्रवाहित होती है,

जिसे संभावित, रासायनिक ऊर्जा आदि कहते हैं। यहां हम संभावित ऊर्जा की बात कर रहे हैं, जो चिंता, अवसाद जैसी किसी भी नकारात्मक ऊर्जा को नियंत्रित करने में एक अदृश्य जादुई दोस्त की तरह काम करती है। और यह हमेशा हमें सकारात्मक ऊर्जा को बढ़ाने में मदद करती है।

अगर आप सोचते हैं कि क्या सकारात्मक ऊर्जा खरीदी जा सकती है? तो बिल्कुल नहीं, ऐसा करना असंभव है, यह सिर्फ हमारे दिमाग की उपज है जो दिमाग को यह सोचने पर मजबूर करती है कि हम ऊर्जा को महसूस कर सकते हैं, यह हमारा सौभाग्य है।

ऊर्जा को यह पता नहीं होता। वह ऊर्जा किसी चुनिंदा व्यक्ति, किसी जीवित कण या वस्तु में प्रवेश कर रही है, वह ऊर्जा नहीं जानती कि वह बच्चा है, मजबूत व्यक्ति है या बूढ़ा व्यक्ति जो ठीक से चल भी नहीं सकता, वह ऊर्जा अदृश्य रूप से केवल जीवित वस्तु में ही प्रवाहित होती है।

इनमें से जीवन और आत्मा का अनुभव, बीते समय के आधार पर खुशी, प्रकृति और मनुष्य के बीच एक अटूट विश्वास पैदा करती है। एक अंधे व्यक्ति की तरह जो देख नहीं सकता।

यदि वह सर्जरी के माध्यम से अपनी आंखों में रेटिना लगवाकर सुंदर दुनिया देख सकता है, तो संभव है कि आंखें ठीक हो जाएं, लेकिन ऐसा 100% गारंटी के साथ संभव नहीं है, यह ठीक से काम करेगा या नहीं, यह कहना थोड़ा मुश्किल है,

प्रकृति द्वारा दी गई आंखों की दृष्टि वापस आ सकती है या नहीं, वह देख जरूर सकता है, जबकि हम केवल अनुमान ही लगा सकते हैं, यदि आंखों में ऊर्जा का प्रवाह नहीं है, तो वह नहीं देख सकता। यह सब पहले से तय नहीं है, क्योंकि जो भी ऊर्जा और उसका सही अनुपात प्रकृति द्वारा स्वयं तय किया जाता है,

उसमें जरूरत के अनुसार पर्याप्त ऊर्जा होती है। ऊर्जा किसी निर्जीव में नहीं बल्कि जीवित प्राणी जैसे व्यक्ति, जानवर, बैक्टीरिया आदि में प्रवाहित होती है। और प्रकृति को ऊर्जा समर्पित करने से वह अदृश्य रूप से काम करती रहती है। इसे पूरी तरह से समझना मुश्किल है।

यदि हम ऊर्जा की उपस्थिति को महसूस करना चाहते हैं, तो क्या करना होगा? जैसा कि हम जानते हैं कि ऊर्जा विशिष्ट समय पर अधिक सक्रिय होती है, जब हम किसी विशिष्ट गतिविधि में भाग लेते हैं ,

जैसे हंसना या रोना आदि, ऊर्जा के प्रवाह को महसूस करना आसान होता है। उस पर प्रतिक्रिया करने के बजाय। और कभी-कभी ऊर्जा एक विशिष्ट समय पर खुद ही अपनी उपस्थिति दिखाती है.

कुछ बातों को ध्यान में रखना और समझना जरूरी है, जैसे कि हमें एक व्यक्ति के तौर पर सबसे पहले मन को शांत करके उसकी ऊर्जा को सही और सकारात्मक दिशा में मोड़ना होगा और अपने मन को किसी खास काम पर केंद्रित करना होगा, जो कि चुनौतीपूर्ण काम साबित हो सकता है,

लेकिन असंभव नहीं है। इससे पहले हम इस अवधारणा को समझ लेते हैं कि उदाहरण के लिए, कोई व्यक्ति, जानवर, जीवित कण या कोई कीट, ऊर्जा उन सभी के लिए एक जैसा व्यवहार करेगी। उनके लिए कोई नया नियम लागू नहीं होता, प्रकृति सभी को एक ही नजर से देखती है।

इसके माध्यम से लेखक यह कहना चाह रहा है कि जिस भी वस्तु या जीवित ऊर्जा के साथ हम सबसे ज्यादा संपर्क में रहते हैं, उसके आसपास हमें नकारात्मक ऊर्जा का संचार सबसे ज्यादा महसूस होता है, चाहे वह सकारात्मक ऊर्जा हो या नकारात्मक ऊर्जा। ऐसा माना जाता है

कि हम अपने दृढ़ संकल्प के साथ जो भी देखने की कोशिश करते हैं, वही हमारे साथ घटित होने लगता है। हमारा मन, ध्यान और विचार जिस चीज पर केंद्रित होते हैं, हमें वही चीज दिखाई देने लगती है

और प्रकृति भी हमारे आसपास वैसा ही वातावरण बनाती है, जैसा हमारे मन में चल रहे विचार होते हैं। यदि हम अपने मन में सकारात्मक ऊर्जा पर ध्यान केंद्रित करते हैं,

तो हम अपने मन के भावों से सकारात्मक ऊर्जा का आह्वान होते देखेंगे और उसी की ओर उन्मुख होंगे और दूसरी ओर, यदि हम किसी नकारात्मक ऊर्जा का प्रभाव देख रहे हैं, तो हम उससे प्रभावित होकर नकारात्मक सोचने के लिए मजबूर हो रहे हैं,

तो प्रकृति हमारी ओर नकारात्मक ऊर्जा का प्रवाह भी दिखाती है, जिसके कारण हमें जीवन पर बुरा प्रभाव देखने को मिलता है। प्रकृति हमें हमेशा खुश रहने का अच्छा और आसान तरीका दिखाती है, और प्रकृति द्वारा सचेत करने की यह प्रक्रिया हमेशा चलती रहती है, अगर हम जीवित हैं तो हम प्राकृतिक ऊर्जा की उपस्थिति को महसूस कर सकते हैं, और हमारे जीवन के समाप्त होने के बाद

कोई अन्य मनुष्य, जानवर, उस ऊर्जा को महसूस करना शुरू कर देता है, जब तक वह मनुष्य जीवित है, और उसके जीवन के समाप्त होने के बाद सकारात्मक और नकारात्मक दोनों ऊर्जा किसी अन्य जीवित चीज की ओर चली जाती है और इस तरह से जीवन चक्र चलता रहता है।

जो अन्य सभी चीजों की ओर स्थानांतरित होता रहता है, और प्रकृति का जीवन चक्र हमारे जीवित रहने या न रहने से नहीं रुकता, वह जीवित चीजों को अपनी उपस्थिति का एहसास कराती रहती है और इस तरह से जीवन में उतार-चढ़ाव आते रहते हैं, इनके कारण जीवन समस्याओं से भर सकता है लेकिन जीवन समाप्त नहीं होता है।

अध्याय 2

क्या काल्पनिक चित्र प्रेरित कर सकता है

(लड़का स्थिर है लेकिन छाया घूम रही है)

इस चित्र में बैठे बच्चे की छाया को हम नकारात्मक ऊर्जा के रूप में दिखाते हैं, इसलिए उस समय हमारा चेहरा, ध्यान, मन के विचार उस छाया यानी नकारात्मक छाया की ओर होते हैं, और वह हमें नकारात्मक ऊर्जा की तरह लगती है और फिर धीरे-धीरे समय बीतने के साथ-साथ वह नकारात्मक ऊर्जा की तरह दिखने लगती है।

तो जब सूर्य पूर्व से पश्चिम या पश्चिम से पूर्व की ओर बढ़ता है, तो वह छाया हमारी दृष्टि से दूर हो जाती है और हमारी पीठ की ओर, हम एक स्थिति में बैठे होते हैं, और वैसे ही हमारे विचार भी होते हैं, जैसा कि लेखक ने इस फोटो में उस छाया को नकारात्मक ऊर्जा के रूप में दिखाया है,

इस पहले चित्र में, लड़के की छाया आकृति को एक नकारात्मक विचार के रूप में दर्शाया गया है।

" सकारात्मक प्रेरणा वह प्रतिक्रिया है जो व्यक्ति को भीतर से सशक्त और मानसिक रूप से मजबूत बनाती है, सकारात्मक प्रेरणा के कारण ही हम कोई अच्छा कार्य करने में आगे बढ़ते हैं और कुछ कठिन निर्णय लेने में सक्षम होते हैं, इसके लिए कोई बाहरी प्रेरक नहीं, बल्कि आंतरिक प्रेरक होना चाहिए।"

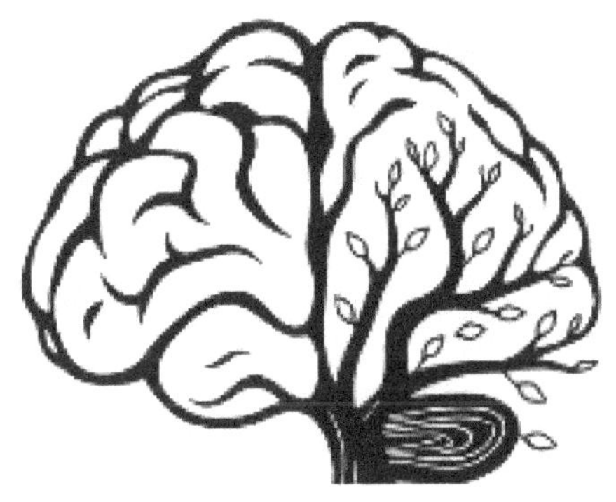

Shubham.K.Singh

खुशी, सकारात्मकता,
अच्छे विचार, सकारात्मक
ऊर्जा

उस फोटो में स्थिर बैठे लड़के की तरह हमारी ज़िंदगी भी स्थिर है और सूरज की रोशनी की तरह हमारी ज़िंदगी में भी सुख, दुख, नकारात्मक और सकारात्मक अनुभव होते रहते हैं और उस फोटो में बैठे लड़के की तरह हमारा चेहरा, आंखें, हमारे विचार उसी दिशा में देख रहे होते हैं।

जब ऐसा होगा तो हमें उस दिशा (प्रकाश) में ऊर्जा का असर दिखाई देगा। हम जिस दिशा में देख रहे हैं, हमें उस दिशा में रास्ता साफ दिखाई दे रहा है। हम ज़िंदगी की तरह एक जगह स्थिर रहना चाहते हैं, जो सच है। और अगर हम स्थिर हैं और हमें ज़िंदगी में किसी जगह लक्ष्य देखना है,तो हम कोशिश करेंगे कि नकारात्मक रास्ता न देखें।

इसके बजाय हम सकारात्मक रास्ता देखेंगे। और अगर हमें सकारात्मक और नकारात्मक दोनों रास्ते देखने हैं, तो हम सकारात्मक रास्ता चुनेंगे। और उस तस्वीर में बैठे लड़के की परछाई सूरज की चाल की वजह से अपनी दिशा बदलती रहती है। इसी तरह जीवन का चक्र चलता रहता है,

और तस्वीर में लड़का स्थिर बैठा है, इसी तरह हमारा जीवन भी स्थिर रहता है और उस सूरज की तरह समय भी चलता रहता है, जैसे ही सूरज हमारी आँखों के सामने आता है, परछाई भी पीछे की ओर चली जाती है, जिसकी तुलना हम नकारात्मक विचारों, नकारात्मक ऊर्जा, चिंता, अवसाद, निराशा से करते हैं,,

जैसे ही सूर्य सामने आता है, नकारात्मक विचार गायब हो जाते हैं, वैसे ही हम जिस दिशा में अपनी ऊर्जा लगाते हैं और जिस दिशा में हमारा चेहरा होता है, हम उस दिशा को स्पष्ट रूप से देख सकते हैं, और जब हमें जीवित रहते हुए कुछ देखना होगा,

तो हम सकारात्मक चीजों और सकारात्मक विचारों पर अधिक ध्यान देंगे, क्योंकि अब हम जानते हैं कि जैसे ही उस सूर्य की सकारात्मक रोशनी चेहरे के सामने आती है, नकारात्मक विचार और सोच छाया की तरह अपने आप पीछे की ओर चले जाते हैं और गायब हो जाते हैं,

वैसे ही जीवन में भी सूर्य के प्रकाश की तरह सही लक्ष्य और सही दिशा देखने की आवश्यकता है, अगर आप सकारात्मक विचारों की ओर ध्यान केंद्रित करते हैं और सोचते हैं, तो नकारात्मक विचार दिखाई देने लगेंगे। नकारात्मक ऊर्जा का अनुभव छाया की तरह गायब हो जाएगा।

इसके लिए हमें अपने जीवन में सूर्य के प्रकाश की तरह सकारात्मक ऊर्जा की उपस्थिति पर लगातार ध्यान केंद्रित करने की आवश्यकता है, ताकि विश्वास हमारे अनुभव की शक्ति से विश्वास में बदल जाए।.

"यह प्रक्रिया हर दिन चलती रहती है क्योंकि सूरज उगता है और डूबता है, सूरज उगता है और अगले दिन फिर डूबता है। इसी तरह हमारे अंदर विचार आते हैं और चले जाते हैं, फिर आते हैं और फिर चले जाते हैं। हमें बस यह याद रखना है कि हमें किस विचार पर सबसे ज़्यादा ध्यान देना चाहिए।"

उदाहरण - जैसा कि हम एक छोटे से उदाहरण से समझते हैं, अगर किसी व्यक्ति में विटामिन डी की कमी है और उसे त्वचा से जुड़ी कोई समस्या है, तो वह धूप में बैठकर अपने शरीर को विटामिन डी नहीं दे सकता, क्योंकि सूरज की किरणें उसके शरीर की त्वचा को नुकसान पहुँचाएँगी, लेकिन इससे व्यक्ति चिंता, अवसाद का सीधा शिकार होता है और दुखी होता है

कि उसे किरणों के ज़रिए विटामिन डी नहीं मिल पा रहा है। इसलिए परिस्थिति के अनुसार वह विटामिन डी की कमी को पूरा करने के लिए विटामिन डी की गोलियां ले सकता है। या फिर वह परेशान और दुखी होकर निराशा में खुद को कोसना शुरू कर सकता है, और जिसे त्वचा से जुड़ी कोई समस्या नहीं है, वह सूरज की रोशनी के ज़रिए ही विटामिन डी की कमी को पूरा कर सकता है,

हम सपनों को पूरा करने के लिए विचारों का रास्ता बदल सकते हैं लेकिन लक्ष्य को नहीं, हमें खुद को सकारात्मक रखने की ज़रूरत है क्योंकि। अपने लिए खुद से बेहतर कोई दोस्त नहीं हो सकता। बस इस अवधारणा को समझने से हमारे जीवन की आधी से ज्यादा समस्याओं का समाधान इसमें छिपा है,

और इससे जीवन में सकारात्मक सोच और सकारात्मक ऊर्जा का जन्म होता है। यह बदलाव सकारात्मक और नकारात्मक ऊर्जा के बीच अंतर को समझने में मदद करता है, इसका स्रोत इस पर निर्भर करता है। जब तक यह प्रक्रिया अनुकूल है, हमारे जीवन में बदलाव भी अनुकूल रहता है। यह प्रक्रिया चलती रहेगी, बस हमें समझने की जरूरत है।

अध्याय 3

Understanding of the thought

(विचार की समझ)

मनुष्य का शरीर और आत्मा धरती पर स्थिर रहते हैं और हमारा शरीर जहाँ भी जाता है हमारा शरीर वहाँ घूमता रहता है और आत्मा भी हमारे शरीर के साथ-साथ चलती है क्योंकि जब तक आत्मा (प्राण) शरीर के अंदर रहती है तब तक शरीर चलता रहता है, शरीर के अंदर और बाहर मौजूद अंग जीवित रहते हैं,

जैसे ही आत्मा (प्राण) किसी भी शरीर को छोड़कर बाहर जाती है तो वह शरीर चाहे वह जानवर का हो या इंसान का, नष्ट हो जाता है। इसका मतलब यह है कि हम धरती पर स्थिर रहते हैं, मृत्यु के बाद आत्मा ऊर्जा के माध्यम से ब्रह्मांड में चारों तरफ रहती है। जबकि हम सभी धरती पर स्थिर हैं, लेकिन हमारे मन में चिंता, अवसाद, अकेलापन जैसे विचार बढ़ते रहते हैं।

मन इन सभी को सुलझाने की कोशिश भी करता रहता है। विचार आते रहते हैं, ये विचार केवल अस्थायी होते हैं। इनका कोई स्थायी स्थान नहीं होता, ये बस आते-जाते रहेंगे, नकारात्मक विचार भी तब तक रहेंगे जब तक हम जीवित हैं, जब तक आत्मा शरीर में है,

ये विचार आते-जाते रहेंगे। क्योंकि अगर हम जीवित हैं, तो हमारे लिए इन्हें पूरी तरह से रोकना संभव नहीं है। ये तो मरने के बाद ही रुकते हैं और अगर हम जिंदा हैं तो ये सकारात्मक नकारात्मक विचार, भावनाएं, दुख, भावुक होना, अकेलापन आदि ऐसे विचार मन में आते-जाते रहेंगे और हम इन्हें महसूस करते रहेंगे,

हमें बस एक सकारात्मक ऊर्जा को शक्तिशाली बनाना चाहिए और उसे बेहतर तरीके से जागृत करना चाहिए। हमारे सकारात्मक विचारों और उन पर सकारात्मक ऊर्जा के प्रभाव से हम इन नकारात्मक विचारों को खत्म कर सकते हैं, हम अपने तनाव और अपने बेकार विचारों को नियंत्रित कर सकते हैं।

लेकिन हम इसे हमेशा के लिए रोक नहीं सकते, यह हमेशा याद रखें, अगर हम जीवित हैं तो विचार आएंगे, अगर हम सब मर जाते हैं तो विचार बिल्कुल नहीं आएंगे। जीवन के अंत के बाद किसी भी तरह के अच्छे या बुरे विचार या किसी भी समस्या या बीमारी का आना असंभव है।

अध्याय 4

Creativity of imagination to reality

(कल्पना से वास्तविकता तक रचनात्मकता)

हमारे मन को सोचने के लिए एक काल्पनिक चित्र बनाना पड़ता है। तभी मन उस परिस्थिति को चेतन मन में एक आकार दे पाएगा, और किसी भी परिस्थिति को समझने और उसका समाधान करने के लिए ऐसा करेगा, क्योंकि हमारा मन किसी भी शब्द या किसी भी विचार का कोई बेहतर समाधान तब तक नहीं दे सकता,

जब तक वह उस परिस्थिति या शब्द के अनुरूप कोई काल्पनिक चित्र न बना ले...मन शब्दों में नहीं बल्कि चित्रों में सोचता है। अगर हम मानव मन की जटिलता को समझें, तो वह किसी भी विचार या क्रिया को विश्वास में नहीं बदल सकता,

जब तक हम उस विचार, शब्द या सोच को अपने दिल और दिमाग में नहीं बिठा लेते, तब तक किसी भी अच्छे विचार को दृढ़ विश्वास में बदलना असंभव सा लगता है। और हमारा मन केवल उन्हीं बातों और घटनाओं को याद रख पाता है,

जब उस घटना का हमारे मन पर गहरा नकारात्मक प्रभाव पड़ा हो, अगर हम कोई काम रोजाना या बार-बार कर रहे हों। या कोई ऐसा काम या कोई ऐसी घटना जिसने हमें चौंका दिया हो या उस घटना ने हमारे अवचेतन मन पर गहरा प्रभाव छोड़ा हो,

जिसके कारण यह जानना, सोचना और समझना बहुत जरूरी है कि क्या यह घटना हमारे जीवन को एक नकारात्मक गहरे सदमे की तरह प्रभावित कर रही है या एक सकारात्मक ऊर्जा की तरह।

यदि अवचेतन मन में नकारात्मक घटना का जिक्र ज्यादा हो रहा है तो हमें अपने ही मन में चल रहे विचारों के शोर का अवलोकन करना होगा और अपने ही मन को बताना होगा कि हम क्या सोच रहे हैं।

क्या मन में चल रहे विचार सत्य हैं या सिर्फ एक कल्पना। और अपनी आंखें बंद करके विचारों का अवलोकन करें, हम देखेंगे कि मन में चल रहे विचारों का सिलसिला बहते पानी की तरह थम जाएगा। यदि हम किसी सकारात्मक पल का अनुभव करते हैं तो हमारे मन पर सकारात्मक प्रभाव पड़ता है और यदि हम किसी नकारात्मक पल को देखते हैं.

या उस पल को याद भी करते हैं तो उसका हमारे जीवन पर नकारात्मक प्रभाव की तरह असर पड़ता है और इस अनुभव में काम करने की क्रिया भी बदल जाती है। जिसका असर कुशल जीवन पर पड़ता है, जिससे हमारा मन भी उसी भावना में बदल जाता है,

जिसका जीवन में हम जो काम कर रहे हैं उस पर नकारात्मक प्रभाव पड़ता है। मन और दिल को शांत और सरल विचारों को बनाए रखने के लिए आपको अपने मन का उसी तरह ख्याल रखना होगा जैसे एक मां अपने बच्चों का रखती है, आपको सही दिशा दिखाने और मार्गदर्शन करने की जरूरत है।

जैसे मन और हृदय को शांत और व्यावहारिक बनाए रखने के लिए मन को अच्छे विचारों और पौष्टिक भोजन में या ऐसी स्थिति में रखें जिसमें मन शांत और सरल हो सके, तभी बदलाव संभव है। आप अच्छी किताबें भी पढ़ सकते हैं, क्योंकि यह जीवन को

सरल और शांतिप्रिय बनाने में एक अच्छी माँ की तरह भूमिका निभाती हैं।हम अपने आप को समझने के लिए भी अधिकतर समय खुद के साथ बिता सकते हैं कि मैं क्या और कौन हूं, हमारे जीवन में आने का उद्देश्य क्या है, ऐसा करना आवश्यकता की श्रेणी में आता है।

उदाहरण के लिए, कोई ऐसा स्थान चुन सकते हैं जहां हल्की सी भी आवाज सुनाई दे, यानी खुद को शांतिपूर्ण वातावरण में रखने की कोशिश करें, वहां कुछ देर बैठें और प्रकृति की अदृश्य शक्ति और उदारता को समझें और उसका आनंद लें या हो सके तो प्रकृति द्वारा बनाई गई हल्की सी आवाजों को सुनें

और आप पाएंगे कि धीरे-धीरे आपको अच्छा लगने लगा है। हवा की हल्की सी आवाज कानों को छूकर गुजर रही है। जिसे शांतिपूर्ण वातावरण में ही सुना जा सकता है। ऐसा लगता है जैसे वह आपको आकर्षित कर रही है और अपनी ओर खींच रही है। इस क्रियाकलाप के दौरान आप पाएंगे कि मन शांत है,

कोई भी नकारात्मक विचार नहीं आ रहे हैं, क्योंकि पशु-पक्षी, पेड़-पौधे, हम, मनुष्य, कीड़े-मकोड़े आदि सभी प्रकृति की देन हैं, जन्म से लेकर मृत्यु तक जीवन प्रकृति की गोद में समर्पित है, इस शांतिपूर्ण वातावरण या इस अदृश्य शक्ति के लिए प्रकृति का धन्यवाद करें, तथा जरूरतमंदों की मदद करते रहें,

जीवन में प्रकृति की सादगी और पवित्रता को बनाए रखें, और ऐसा करना सबसे महत्वपूर्ण जिम्मेदारियों में से एक है। हम सभी का यह कर्तव्य है,

कि हम प्रकृति की अपार दया के प्रति सकारात्मक तरीके से आभार व्यक्त करें, तथा इसे अपने जीवन में आनंद के रूप में उतारें, और यह एक कटु सत्य हो सकता है।.

अध्याय 5

Peace time with yourself

(अपने आप के साथ शांति का समय)

खुद को महत्व देना एक कला और पुरस्कार की तरह है और 24 घंटे 1440 मिनट 86400 सेकंड में से हमें सिर्फ 10 मिनट का कीमती समय खुद के साथ यानि अकेले में बिताना चाहिए। चलिए मान लेते हैं कि हमें 100 साल का समय मिला है। जो शरीर की क्षमता के अनुसार जीवन के लिए पर्याप्त है।

जिसमें हमें 876,000 घंटे मिले हैं और हमें हर दिन सिर्फ 15 मिनट खुद को देना चाहिए, तो हम पाएंगे कि एक अदृश्य शक्ति की तरह हमारे अंदर सकारात्मक ऊर्जा का बदलाव देखने को मिल रहा है। जो लोग सरल स्वभाव के लिए एक छोटा और बेहतर कदम मानते हैं, उससे सकारात्मक ऊर्जा का प्रवाह संभव है।

यह प्रकृति का वरदान है और दिल और दिमाग, आंख, कान, हाथ, पैर, नाक, यहां तक कि पूरे शरीर के लिए एक चमत्कार है। प्रकृति द्वारा संरक्षित मनुष्य चिंता, तनाव, अवसाद से बहुत परेशान रहता है, मन में विचारों का समुद्र चलता रहता है, जो एक भयानक तूफान की तरह है, जो खुशी,

मन की शांति को नष्ट कर रहा है,नकारात्मक विचार मन में कुंडली की तरह घूम रहे हैं, और वह व्यक्ति बहुत बेचैन स्थिति में पहुंच गया है जहां केवल मन में चल रही उलझन में फंसने की स्थिति दिखाई देती है,,

तनाव को कम नहीं कर सके। तो प्रकृति की जटिल संरचना, प्रकृति की गोद में मनुष्य का जीवन, जीवन में नकारात्मक विचारों में संतुलन का आधार बनाना संभव हो सकता है। जिसमें दिल की धड़कनों की तेज गति उलझन को बढ़ाती है और प्रकृति की गोद में रहकर खुद पर 10 मिनट बिताने से जीवन में बदलाव की लहर और संतुलन का मार्गदर्शक मिलता है।

प्रकृति की गोद में मौजूद मनमोहक पत्ते, हरी घास, चारों तरफ फैली हरियाली की चमक आंखों को सुकून देकर तनाव से मुक्त करती है और कानों में सुनाई देने वाली पक्षियों की चहचहाहट, कोयल की मीठी आवाज,

धीरे-धीरे बहने वाली हवा की आवाज मन को शांत और सकारात्मक विचारों से भर देती है। मखमली घास पर हमारे हाथों और पैरों का स्पर्श, मिट्टी की हल्की खुशबू, नाक से बहती सांसों में समा जाना, जीवन की सच्चाई को दर्शाता है,

क्योंकि त्वचा पर किसी भी कण या वस्तु का एहसास जिंदा होने का एहसास कराता है। दिनभर भागदौड़ करने वाले लोगों के लिए यह एहसास महसूस करना जरूरी है, और हम खुद को यह यकीन दिला पाएं कि हम अपने लिए कुछ अच्छा कर रहे हैं।

तो क्यों न कुछ समय खुद के साथ बिताना शुरू करें? कुछ मिनट हमारी आदतों और विचारों को एक नई दिशा दे पाएंगे और हम अनुशासन की क्रिया शक्ति से अपने जीवन में चल रही उथल-पुथल को कम कर पाएंगे,,

तो एक अच्छी आदत डालकर हम एक बेहतर भविष्य की कल्पना कर सकते हैं। आने वाला समय हमारा कल बदल देगा, क्योंकि आपसे बेहतर आपको कोई नहीं समझ सकता। हम आज खुद में हैं और कल खुद में।

अध्याय 6

Childhood happiness and attachment towards it

(बचपन की खुशियाँ और उसके प्रति लगाव)

बचपन की खुशी का एहसास तब होता है जब हम 55 साल के हो जाते हैं, और सोचते हैं कि हमने जिंदगी से क्या सीखा और प्रकृति को क्या दिया है। शायद ही कोई ऐसा व्यक्ति हो, जिसे बचपन के दिनों को याद करके खुशी न हुई हो।

दुनिया में किसी ने भी बिना यादों के अच्छे पल नहीं बनाए हैं। बचपन एक ऐसी अवस्था है, जो ऊर्जा और आनंद से भरी होती है, जहां खुशियों का अथाह खजाना होता है। लेकिन हम अपने वयस्क जीवन में हंसने और मुस्कुराने की पवित्र भावनाओं को शायद ही महसूस कर पाते हैं।

वही थकान और गलत विचार उस जादुई पेंसिल से पैदा होते लगते हैं, जो हमें बचपन के सफर में कभी देखने को नहीं मिलते। यही वजह है कि बचपन में हम जिंदगी को एक खेल समझते हैं। यहां किसी व्यक्ति या वस्तु, कण, ऊर्जा आदि को देखने, अभिनय करने और उसके बारे में राय बनाने का तरीका अलग हुआ करता था।

हम अपनी पसंद के खेल खेलते थे। देखा जाए तो आज भी हम सभी खेल खेल रहे हैं, लेकिन फर्क सिर्फ इतना है कि इंसान वही हैं, जिनके लिए बचपन में जरा सी खुशी पर दिल खोलकर हंसना आम बात है।

और अब भी इंसान वही हैं, लोग वही हैं, खेलने के तरीके भी वही हैं। बस अब वो एहसास नहीं रहा, बल्कि अब हम वो खेल खेलने को मजबूर हैं जो बचपन में खेला करते थे।

जीवन भर अपने लिए खुशी को गंभीरता से समझने और अनुभव करने की आवश्यकता होगी। हमें स्पष्ट दृष्टि के साथ कल्पना से परे वास्तविकता को स्वीकार करना चाहिए। जैसे ही कोई अज्ञात वायरस या फ्लू हमारे संवेदनशील शरीर में प्रवेश करने की कोशिश करता है,

हमारा शरीर उस वायरस को खोजने और नष्ट करने के लिए काम करना शुरू कर देता है क्योंकि हमारा शरीर खुद को यह जानकारी देने में सक्षम है कि कोई बाहरी वायरस शरीर में प्रवेश करने की कोशिश कर रहा है, या पहले से ही अंदर प्रवेश कर चुका है, शरीर खुद को सक्रिय करता है और वायरस को नष्ट करने के लिए प्रतिरक्षा विकसित करता है।

इसी तरह, यह याद रखना आवश्यक है कि खुशी, प्रेरणा, निराशा, हर्ष, दुख, चिंता, अवसाद या इससे उत्पन्न होने वाली कोई भी भावना जैसे विचार आते-जाते रहते हैं।

और हमें अपने स्वयं के नकारात्मक विचारों से लड़ने के लिए खुद को मजबूत करने की आवश्यकता है और यदि कोई नकारात्मक विचार आ रहा है, तो चिंता न करें, यह आता रहता है। विचारों के पीछे के कारण को समझना हमारे लिए चुनौतीपूर्ण हो सकता है। यदि हम इस बदलाव को समझते हैं और नकारात्मक विचारों का सामना करने के लिए खुद में आत्मविश्वास विकसित करते हैं,

तो हमारे अंदर एक स्वचालित प्रतिरक्षा बूस्टर जन्म लेगा और नकारात्मक विचार आते ही यह अपने आप सक्रिय हो जाएगा। नकारात्मक सोच सकारात्मक विचारों के साथ नकारात्मक सोच को नष्ट कर देगी।.

सुख-दुख जैसे अनेक भावनात्मक विचार शरीर को प्रभावित करते हैं, हमें कौन सी भावना को अपने अंदर रखना है और कौन सी भावना को बाहर फेंकना है, यह हम पर निर्भर करता है, इस पर विचार करने की बजाय मन स्वयं असमंजस में रहता है।

मन की शांति और सुख की तलाश में हम जीवन भर भटकते रहते हैं। और जीवन का सारा समय व्यतीत हो जाने के बाद पछतावे के अलावा केवल 'काश' शब्द का भाव और विचार ही शेष रह जाता है, हम जीवन के अपरिहार्य सत्य की ओर खिंचे चले आते हैं।

और सकारात्मक विचारों पर अमल न करने से विचारों के तूफान में फंसना आम बात हो जाती है जहां नकारात्मक विचारों से स्वयं को बाहर निकालना एक गंभीर मुद्दा है। सुख, आनंद-दुख, तनाव जैसे अनेक नकारात्मक और सकारात्मक विचारों का बार-बार आना, इस मन की ही उपज है।

जो हमारे अंदर होने वाले बदलाव में भी भागीदार है, चेतना की शक्ति को ध्यान में रखते हुए हमें स्वयं पर विश्वास करने की आवश्यकता है। इससे पहले इस अवधारणा को समझना और मन को सकारात्मक बल से मजबूत करना अनुकूल है।

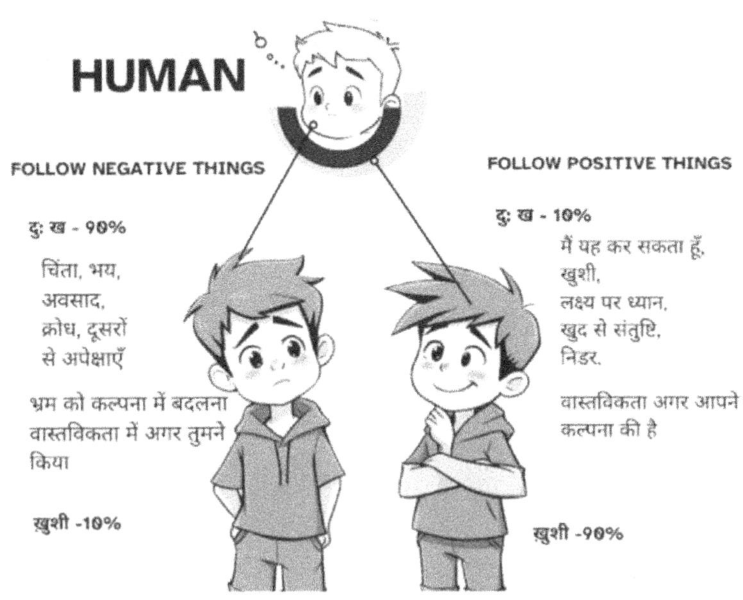

सुख और दुख दोनों ही काल्पनिक माने जाते हैं, इसलिए किस कल्पना की अपेक्षा करें और किसको स्वीकार करें।

संयम और शालीनता का हमेशा ध्यान रखें, सुख और दुःख विकल्प की तरह हैं। जिसमें आप स्वयं चर्चा करें कि कौन सा विकल्प चुनना हमारे लिए बेहतर निर्णय होगा,,

यह विकल्प हमारे भावी सुखी जीवन के प्रति कल्पना को दर्शाता है, सही निर्णय का मार्गदर्शन करने में सक्षम है, यही इसकी खास बात है, जो इसे रोमांचक और रोचक बनाती है। कि आप इन दोनों विकल्पों में से कोई एक चुन सकते हैं, या कोई एक विचार चुन सकते हैं, इसमें कोई नियम और विनियमन नहीं है।

इसमें कोई प्रतिबंध नहीं है और यही बात इसे दिलचस्प बनाती है। क्योंकि प्रकृति पानी और प्यास दोनों की निर्माता है, अगर हमें पानी नहीं मिला तो या तो हम प्यास के कारण गंभीर रूप से बीमार पड़ सकते हैं या फिर हमारी मौत हो जाएगी, अगर फिर भी पानी पीकर हम मन को शांत और शरीर को ठंडा

और स्वस्थ रख सकते हैं और जीवन जीने की प्रक्रिया को आगे बढ़ा सकते हैं। अपनी खुशी को खोजने में पूरी जिंदगी लग जाती है, लेकिन जब आप कुछ करने की कसम खाते हैं, तो हर खुशी को पाना संभव हो जाता है। जितना हो सके उतना काम करने की कोशिश करें जिससे आपको खुशी मिले .

और जो आपको पसंद हो। चाहे आप इसे 24 घंटे ही क्यों न करें, आपके चेहरे पर खुशी की लहर और मन में काम करने की इच्छा होनी चाहिए। जब आप थक जाएं, तो आपको थकान महसूस नहीं होनी चाहिए। काम करने की इच्छा और खुशी की झलक बनी रहनी चाहिए।.

9 बचपन और वयस्कता का निर्माण

बचपन में वो सपने छोटे और सुनहरे होते थे, मन में जो सपने हम कल्पित करते थे, उनमें से अधिकतर पूरे हो जाते थे, अगर कुछ सपने या कहें कि कोई छोटी सी इच्छा पूरी नहीं होती थी तो दुख या शोक जैसी कोई बात नहीं होती थी, अगर बुरा लगता था तो वो कुछ समय के लिए ही होता था और ये सब कुछ थोड़े समय के लिए अस्थायी होता था।

लेकिन अगर युवावस्था की बात करें तो समय और उम्र के साथ व्यक्ति की समझ और सोचने की शक्ति बढ़ती जाती है और हम हकीकत में काम करने की उम्मीद के साथ आगे बढ़ना चाहते हैं, लेकिन साथ ही और समझदारी के साथ

हमें ये भी याद रखना चाहिए कि कोई भी समस्या हमेशा के लिए नहीं रहती है, समय के साथ ये समस्याएं भी बदलती रहती हैं! और इसी तरह सपनों के लिए नई राहें मंजिल तक पहुंचने का काम करती हैं, इसलिए सपने देखें, कोशिश करना कभी न छोड़ें और उन्हें पूरा करें, काबिल बनें!

1.बचपन का तनाव

अगर हम अपने बचपन की बात करें तो उस दौरान हम अपने आप में खुश होते हैं, कुछ कमाने, खोने या पाने का तनाव नहीं होता और न ही हम किसी बोझ से दबे होते हैं। बच्चे कहीं न कहीं जानते हैं कि खेलने में ही मजा है।

यही बात बच्चों के जीवन को शांत और संयमित बनाती है। यह बात उनके किसी भी बात को गंभीरता से न लेने में अहम भूमिका निभाती है, चाहे वह गंभीर विषय हो या साधारण। या यूं कहें कि उनकी मानसिक स्थिति इतनी विकसित नहीं होती कि वे किसी बात का गंभीरता से जवाब दे सकें। उम्र बढ़ने के साथ यह समझ बढ़ती जाती है।

2. वयस्कता का तनाव

लेकिन युवावस्था में यह समझ होनी चाहिए कि किस बात को गंभीरता से लेना चाहिए? और कौन सी बात वाकई गंभीर है, यह हर व्यक्ति के लिए वैकल्पिक है। यह जानना बहुत दिलचस्प होगा कि इस धरती पर मौजूद सभी जीव और इंसान अपनी समझ का इस्तेमाल कैसे करते हैं!

3. बचपन की मानसिकता (EQ/IQ)

बचपन में IQ लेवल कम होता है लेकिन जाने-अनजाने में यह समझ जरूर जन्म लेती है कि अगर उन्हें कहीं घूमने की इच्छा है तो बच्चे यह जरूर जानते हैं कि अगर पापा नहीं तो मम्मी या भाई या बहन उन्हें कहीं घुमाने जरूर ले जाएंगे, ऐसा 80% वाकई होता भी है। वे हमारी बचपन की इच्छा जरूर पूरी करते हैं।

4.वयस्क मानसिकता (EQ/IQ)

लेकिन युवावस्था में बचपन की इस समझ को समझना बहुत ज़रूरी है कि सफलता का एक रास्ता बंद है, दूसरा रास्ता बंद है, अगर तीसरा रास्ता भी बंद है, तो चौथा रास्ता ज़रूर खुला रहेगा। चारों रास्तों के लिए बराबर प्रयास करें, भावनात्मक, शारीरिक और मानसिक रूप से तैयार रहें और तब तक प्रयास करते रहें जब तक आप सक्षम न हो जाएँ।

5.सक्रिय

ज़्यादातर विशेषज्ञ मानते हैं कि बचपन में हम वयस्कता की तुलना में ज़्यादा सक्रिय होते हैं। हमारी ऊर्जा का कुछ प्रतिशत कम हो जाता है लेकिन इस सोच के कारण बचपन में कम्फ़र्ट ज़ोन जैसी कोई चीज़ नहीं होती। हम बिना थके अपने खेल में व्यस्त रहते हैं। लेकिन युवावस्था में हम कम्फ़र्ट ज़ोन का मतलब तो जानते हैं लेकिन जानते हुए भी हम जाने-अनजाने कम्फ़र्ट ज़ोन में चले जाते हैं और हार और थकावट महसूस करते हैं। हम उस जाल में इस तरह फंस जाते हैं कि चाहकर भी कुछ नहीं कर पाते। हमें समय रहते कठोर संकल्प लेना होगा और समय रहते व्यक्ति को उससे बाहर आ जाना चाहिए।

6. बचपन की सीमाएं

यह थोड़ा अजीब लगेगा कि बचपन में हमारे अंदर कुछ करने की चाहत और सपने होते हैं, बहुत कुछ करने का जुनून होता है और कुछ अच्छा करने के लिए कदम उठाने की चाहत होती है। बचपन में,

हमारे पास दुनिया को आंकने और काम को सही से करने की समझ नहीं होती, लेकिन हम करना चाहते हैं क्योंकि हमारे पास समझ नहीं होती और इस वजह से कई सीमाएँ होती हैं।

7.वयस्कता की सीमा

लेकिन युवावस्था में सीमा बहुत कम होती है लेकिन फिर भी व्यक्ति निर्णय लेने में असमर्थ होता है, किसी भी काम को ठीक से व्यक्त नहीं कर पाता और बिना सोचे-समझे किए गए काम में ऐसा होता है, जिसके कारण एक अनजानी लत मन को जकड़ लेती है और व्यक्ति किसी भी काम को करने में सजग नहीं हो पाता, इस प्रतिक्रिया का मन पर बुरा असर होता है और जिसके कारण व्यक्ति जीवन में सही निर्णय लेने में कठिनाई महसूस करता है!

8.बचपन का डर

बचपन में माता-पिता का डर तकनीकी रूप से अभी भी ठीक था, अगर कोई कुछ गलत करता या कुछ बिगाड़ देता, क्योंकि माता-पिता जानते हैं कि यह उनका बच्चा है और वे अच्छी तरह जानते हैं कि बच्चे को कैसे फिट रखना है, उसकी देखभाल कैसे करनी है और उसे कैसे संभालना है, उनके मन के स्तर पर किसी भी मानसिक बीमारी का कोई खतरा नहीं है! जैसे चिंता, अवसाद, तनाव!

९.लोगों का वयस्कता का डर।

जबकि युवावस्था में हम कुछ ऐसे डर पाल लेते हैं जिनका वास्तविक जीवन में कोई मतलब नहीं होता, वे हमारे मन के भ्रमों की उपजाऊ गतिविधि मात्र होते हैं, हमें बचपन की समझ जैसे कुछ बेकार के डर को नजरअंदाज कर देना चाहिए।

जिनका कोई उद्देश्य, महत्व या कोई अर्थ नहीं होता! क्योंकि डर के कारण हम नए अवसर खो देते हैं और बिना किसी कारण के नए विचारों को जन्म देते हैं जो 99% बेकार और अर्थहीन होते हैं, बेकार के विचार हमारे दिमाग की उपज होते हैं,

हमें इन विचारों और इस डर को और अधिक समझने की आवश्यकता है, जब तक हम डर के पीछे के कारण को नहीं समझेंगे कि ये विचार क्यों आ रहे हैं, हम काम करने से डरते रहेंगे, हमें अवसरों को नहीं खोना चाहिए, डर की स्थिति में सकारात्मक बने रहना चाहिए, क्योंकि यह भी वह बीज है जो पेड़ के बाद फल जरूर देगा।

अध्याय 7

The magic of positive thinking, not ours

(सकारात्मक सोच का जादू, हमारा नहीं)

सकारात्मक सोच विश्वास का एक रूप नहीं है, यह एक अच्छे विचार की तरह सकारात्मक ऊर्जा को जगाने और संकेत देने का माध्यम है। यह मनुष्य द्वारा किए गए कार्यों और कर्मों से पैदा होती है। हमारे आस-पास का वातावरण एक अदृश्य संकेत के रूप में कार्य करता है। वहां मौजूद ऊर्जा का प्रभाव हमें बताता है कि हम किस तरह की ऊर्जा से घिरे हुए हैं,

चाहे वह ऊर्जा सकारात्मक हो या नकारात्मक। सकारात्मक सोच भ्रम और वास्तविकता, अच्छे और बुरे दोनों पहलुओं के बीच अंतर को समझने में मदद करती है, और हमें गहन ध्यान और चिंतन से अवगत कराती है ताकि हम बेहतर निर्णय लेने में सक्षम रहें।

जिस प्रकार की ऊर्जा प्रवाहित होगी, वह शक्तिशाली ऊर्जा प्रवेश करती है और हमारे द्वारा लिए गए निर्णय को बेहतर या बिगाड़ने का काम करती है। निर्णय लेने के बाद हमारे अंदर किस प्रकार की ऊर्जा प्रवाहित होगी, परिणाम और हमारी क्रिया इसी पर आधारित होती है।

ऐसा क्यों होता है?

हमारा मन जानता है कि हमारे सकारात्मक विचारों की ऊर्जा यानी अच्छी और सही दिशा की ऊर्जा, हमें खुद ही यह पता चल जाता है, जब भी हमें कोई अच्छा काम करना होता है।

49

उस कार्य में मन, हृदय और शरीर का प्रत्येक अंग तथा इन्द्रियाँ 100% उपयोग करने का प्रयास करती हैं। हम यह सब निर्भयता और बिना किसी हिचकिचाहट के करते हैं, सकारात्मक शक्ति के उपयोग के कारण मन आत्मविश्वास से भर जाता है, जिसके कारण दृढ़ विश्वास होता है कि हम बेहतर कार्य कर सकते हैं,

और हम यह महसूस कर पाते हैं कि आज का प्रयास सफल रहा है क्योंकि हमने जितना हो सका उतना काम किया। प्रतिदिन मन को सही दिशा देने की पहल करें, एक सही और अच्छा निर्णय एक बेहतर और सही मार्ग का मार्गदर्शक बनेगा।

जिस पर हमें स्वयं चलना है, यदि हमें समस्याओं का सामना करना है, तो करें, यदि कठिनाइयाँ आती हैं तो उन्हें आने दें, समस्याओं से डरना समाधान नहीं है, क्योंकि वह डर दोबारा जन्म लेकर हमें कुतरता रहेगा, समस्याओं के पीछे का कारण समझना ही समझदारी है, यह आवश्यक है।

छोटी-छोटी खुशियों के लिए मदद करना एक बेहतर और अच्छे इंसान की निशानी है। निस्वार्थ भाव से किसी की मदद करने या उसके बारे में सोचने मात्र से ही व्यक्ति को आंतरिक खुशी का अनुभव होता है, जिससे व्यक्ति को अच्छा महसूस होता है। एक छोटी सी मदद भी, चाहे वह थोड़ी ही क्यों न हो, हमारी खुशी का हिस्सा बन जाती है,

जिससे हमें आंतरिक प्रेरणा मिलती है जो हमें अंत तक अपने लक्ष्य पर डटे रहने की ताकत देती है। यह आपको खुद से प्रेरित होने में मदद करता है। जब भी आप मदद करने या पहल करने का फैसला करें, तो थोड़ी देर रुकें और उस पल का निरीक्षण करें, देखें कि क्या हम उससे आगे बढ़ गए हैं? 50

क्या? हमारी परिस्थितियाँ उस व्यक्ति से भी अधिक विपरीत और जटिल हैं जो हमारे जैसा दिखता है, उससे बढ़कर क्या? हम बदतर जीवन जी रहे हैं। उस समय समय की कमी जल्दी बीतती हुई प्रतीत होगी क्योंकि उस समय हम खुश महसूस कर रहे होते हैं,

जबकि बुरे समय में समय धीरे-धीरे बीतता है और मुश्किल लगता है, क्योंकि अच्छा समय जल्दी बीत जाता है और बुरा समय समय लेता है। अगर हम इस सत्य का अवलोकन करें तो हम देखेंगे कि खुशी की तलाश खत्म होने वाली है।

इससे हम बेहतर और स्पष्ट मन से सोच पाएंगे कि खुशी को कहीं और खोजने की जरूरत नहीं है, वह आपके भीतर है, जो आत्मा के रूप में आपके शरीर में निवास कर रही है। बाहरी शक्ति से कई गुना अधिक शक्तिशाली आंतरिक शक्ति जो ब्रह्मांड में एक सफल व्यक्ति के निर्माण में मदद करती है,

उसकी शक्ति को मापने के लिए और उसकी अदृश्य शक्ति की सीमाओं को समझने के लिए हमें उसके द्वारा दिए गए सिद्धांत का पालन करना होगा और अपने भीतर विश्वास की शक्ति को जगाना होगा और इससे पैदा होने वाली शक्ति आपको एक बेहतर और मजबूत व्यक्ति के रूप में प्रस्तुत करेगी।

हमें बाहरी शक्ति से अधिक अपनी आंतरिक शक्ति को मजबूत करने की आवश्यकता है। बाह्य शक्ति दिखावे और भ्रम से अधिक प्रेरित होती है, जबकि आंतरिक शक्ति मानवीय भावनाओं, अनुभूतियों और सकारात्मक कल्पना से भरी होती है।

इससे उत्पन्न ऊर्जा को महसूस करने के लिए ध्यान लगाना पड़ता है, सादा जीवन जीना पड़ता है, नकारात्मक चीजों का त्याग करना पड़ता है,और इसके आदर्श पर चलना पड़ता है।.

* अच्छे कर्म करो।
* प्रकृति ने हमें जो कुछ भी दिया है या जो कुछ भी हमारे पास है, हम उससे खुश रहेंगे।
* यह मनुष्य की बुद्धि ही है जो हमें जीवन जीने का आनंद देती है।.

क्योंकि हम समझ चुके हैं कि किसी के पास वो (शांति) भी नहीं है जो हमारे पास है और जिसके लिए हम अब तक परेशान थे, मैं प्रकृति का आभारी हूँ कि उसने हमें जो दिया है, प्रकृति का जो उपहार आज हमारे पास है वो काफी है। कुछ अच्छा करने के लिए भी काफी समय हो सकता है।.

हमें खुद के प्रति ईमानदारी से मेहनत करनी चाहिए, वही मेहनत और काम के प्रति समर्पण ही सफलता के रास्ते खोलेगा, जिसके लिए आप खुद के प्रति आभारी रहेंगे।

सफलता प्राप्त करने के बाद कभी भी पीछे न हटें, आप बहुत आगे तक का सफ़र तय कर चुके हैं, इसलिए इस लक्ष्य को पाने के लिए संघर्ष करते रहें, वह दिन दूर नहीं जब आप जीवन में कुछ अच्छा और असाधारण कर दिखाएंगे। और उस दिन आप खुद पर गर्व महसूस करेंगे और खुद को खुशियों से भरा हुआ पाएंगे, यह हमारे जीवन का अंतिम पड़ाव है।

बस थोड़ा इंतजार करें और धैर्य रखें और लगातार काम करते रहें, आपके अंदर एक नई ऊर्जा जागृत होगी जो सकारात्मक ऊर्जा से पैदा होगी। और यह आपके पूरे जीवन को खुशियों से भर देगी, यही जीवन की सच्चाई है, और हमें इसे स्वीकार करना चाहिए और अगर हम नहीं करते हैं,

तो एक दिन हम इसे महसूस जरूर करेंगे और स्वीकार करेंगे। सफलता मिलने के बाद कभी पीछे न हटें, आपने एक लंबा सफर तय किया है, इसलिए इस लक्ष्य को पाने के लिए संघर्ष करते रहें, वह दिन दूर नहीं जब आप जीवन में कुछ अच्छा और असाधारण करेंगे।

और उस दिन आपको खुद पर गर्व होगा और आप खुद को खुशियों से भरा हुआ पाएंगे, यह हमारे जीवन का अंतिम पड़ाव है, खुशी पाने और महसूस करने के लिए हम जीवन भर खुद से, दोस्तों से, दुनिया से, रिश्तेदारों से, सभी से लड़ते रहते हैं। चाहे वह छोटी सी खुशी ही क्यों न हो, एक दिन आपको जरूर मिलेगी, बस थोड़ा इंतजार करें

और धैर्य रखें और लगातार मेहनत करें, आपके अंदर एक नई ऊर्जा जागृत होगी जो सकारात्मक ऊर्जा से पैदा होगी और वह आपके पूरे जीवन को खुशियों से भर देगी, यही जीवन की सच्चाई है और हमें इसे स्वीकार करना चाहिए और अगर हम नहीं करते हैं, तो एक दिन हम इसे जरूर महसूस करेंगे और स्वीकार करेंगे।

अध्याय 8

The Capacity of Distraction & his power

(ध्यान भटकाने की क्षमता और उसकी शक्ति)

सबसे पहले हम यह जानने की कोशिश करेंगे कि जब हम किसी व्यक्ति या अनजान वस्तु को देखते हैं और उसकी नकारात्मक या सकारात्मक ऊर्जा को महसूस करते हैं तो हमारे विचारों और व्यवहार में क्या बदलाव आते हैं।

इसका संबंध अतीत की किसी घटना या बुरे अनुभव से होता है जिसे हमने वर्तमान समय में महसूस किया है, ऐसे छोटे-छोटे बदलाव भी चिंता का कारण बनते हैं। वर्तमान अनुभव को बहुत गंभीर मामला न मानते हुए शांत मन से ऐसे सभी बुरे या अच्छे अनुभवों पर चर्चा करने

और विचारों का आदान-प्रदान करने की जरूरत है। मनुष्य के पास अपने मन में चल रहे विचारों को समाप्त करने की क्षमता नहीं है। वे कुछ पलों के लिए इसे नकारात्मक से सकारात्मक में बदल सकते हैं। वे एक पल के लिए आते हैं और चले जाते हैं, लेकिन वे मन पर गहरा प्रभाव छोड़ जाते हैं।

और चल रहे अनगिनत विचारों के प्रभाव को हमारे संकल्प से कम किया जा सकता है। क्योंकि जीवन का स्रोत हमारे शरीर में मौजूद है, तो विचारों का अचानक असामान्य तरीके से मन में आना एक सामान्य बात है।

मृत शरीर, जानवर या किसी अन्य निर्जीव प्राणी में विचार पैटर्न का आना असंभव है। मृत व्यक्ति के मन में विचारों का आना असंभव है, क्योंकि जहां ऊर्जा मौजूद नहीं है, वहां नकारात्मक और सकारात्मक विचारों और ऊर्जा का जन्म होना असंभव है।

मान लीजिए हम किसी काम को करने में बार-बार असफल होते हैं, रिश्तों को बेहतर और शांतिपूर्ण बनाने के लिए बार-बार प्रयास करते हैं, रिश्तों को एक मजबूत और अटूट विश्वास की ओर ले जाने की कोशिश करते हैं, इससे जीवन के एक नए पहलू का पहला (कदम) जन्म होता है।

और जीवन से जुड़े कई रहस्य तब उजागर होते हैं जब हम जीवन के अर्थ को समझने और अनुभव करने लगते हैं, उसके खिलाफ जाने की बजाय उसके साथ चलने लगते हैं, बेचैनी के पीछे के कारण और रहस्य को समझकर हम बेहतर, सूचित निर्णय लेने में सक्षम हो जाते हैं,

फिर जीवन सरल और शांतिपूर्ण तरीके से व्यतीत होता रहता है, जिसमें जीवन शैली के निर्माण का चक्र अनंत काल तक चलता रहता है, खुद से दुखी होने की बजाय बेहतर कल के लिए जीवन को तैयार और प्रेरित करें,

नई उम्मीदें रखें, जिससे जीवन में एक स्पष्ट दृष्टिकोण और जिज्ञासा पैदा होगी। उदाहरण के लिए - यदि समुद्र में कूदने वाला व्यक्ति समुद्र की लहरों की विपरीत दिशा में किनारे तक पहुंचने की कोशिश करता है,

तो उस व्यक्ति के फंसने की संभावना रहती है, जिसके कारण वह गलत दिशा में भटक सकता है, जबकि लहरों के साथ बहकर किनारे तक पहुंचना संभव हो सकता है, इसी प्रकार जीवन चक्र को समझकर ही कठोर निर्णय लेना एक बेहतर और समझदार व्यक्ति की निशानी है,

जिसके कारण अच्छे भविष्य की कल्पना करना संभव है। भविष्य ही हमें बेहतर कल का एक कच्चा मसौदा और आकार देता है ताकि हम अपने आने वाले समय में एक तैयार ढांचे की मदद से जीवन के उतार-चढ़ाव और बदलावों को समझ सकें।

इससे जीवन को समझने और रहस्यों से भरी उलझी हुई जिंदगी को सुलझाने में मदद मिलती है। जीवन सत्य पर चलता है, जो ब्रह्मांड में चारों तरफ ऊर्जा के रूप में मौजूद है। चाहे वह अरबों-खरबों किलोमीटर दूर क्यों न हो, वह कहीं न कहीं मौजूद है।

सार्वजनिक बोलने का डर

जहां हम खड़े होकर महसूस करते हैं कि हमें हमसे बेहतर कोई नहीं समझ सकता, इस विचार को सही उद्देश्य से समझने के बजाय हम इसे गलत तरीके से समझने लगते हैं, जिसके कारण हमें खुद पर संदेह होने लगता है। यहीं से कम आत्मविश्वास का तीर हमारी आत्मशक्ति और आत्मविश्वास को छेदता है,

जहां से डर और चिंता का असर मस्तिष्क पर पड़ता है, और यह आत्म-संदेह के रूप में हावी हो जाता है। जहां आत्म-संदेह की बेचैनी हमें अलग खड़ा कर देती है। चिंता का असर दिल और दिमाग दोनों पर नकारात्मक प्रभाव के रूप में दिखता है। और हमें पता ही नहीं चलता कि आत्मविश्वास के साथ उठाया गया कदम कब आत्म-संदेह में बदल जाता है। डर और चिंता का भूत हमें हमेशा परेशान करता है।

मन सही निर्णय लेने में असमर्थ हो जाता है। सकारात्मक विचार कब नकारात्मक विचार में बदल जाता है, पता ही नहीं चलता। व्यक्ति के लिए यह जान पाना बहुत मुश्किल हो जाता है।इससे धीरे-धीरे वास्तविकता और कल्पना में अंतर करने में कठिनाई का सामना करना पड़ता है।

ऐसी स्थिति में भय और घोर चिंता पैदा होती है। चिंता और भय के विचारों से उत्पन्न चक्र तब सक्रिय हो जाता है जब व्यक्ति उस कार्य को दोबारा करने का प्रयास करता है जिसमें उसे पहले सफलता मिली थी। यह व्यक्ति को यह एहसास दिलाने का प्रयास करता है ,

कि एक बार असफल होने के बाद उसे दोबारा प्रयास नहीं करना चाहिए था ताकि वह उस कार्य में दोबारा असफल न हो। यह विचार मन पर इस हद तक हावी हो जाता है कि हमारी सोचने की शक्ति खत्म हो जाती है।हमारे मन में इस तरह के नकारात्मक विचारों का चक्रवात घूमने लगता है।

ऐसे समय में व्यक्ति शांत मन को सक्रिय कर सकता है। जहाँ विश्वास की शक्ति का उपयोग सबसे अच्छा साधन है, चिंता और भय को कम करने और खत्म करने के लिए शक्ति का उपयोग, समझदारी से लिया गया निर्णय सही साबित होगा,अपने भीतर एक विश्वास प्रणाली बनाने की आवश्यकता है,

विश्वास की शक्ति को समझने के लिए, ब्रह्मांड में मौजूद शांत वातावरण की शक्ति का होना आवश्यक है। नकारात्मक रूप से, चिंता की नींव तब रखी जाती है जब एक असफल व्यक्ति दोष ढूंढता है।

उदाहरण - यदि कोई नकारात्मक व्यक्ति या नकारात्मक शक्ति हमें छोटा या असफल दिखाने की कोशिश करती है, तो भले ही हम खुद को एक सफल व्यक्ति के रूप में स्थापित कर लें, फिर भी यदि हम इस असफल व्यक्ति का दोबारा सामना करते हैं, तो ऐसा होने पर हमारी आंखें, नाक, कान, हृदय सक्रिय नकारात्मक संकेत भेजते हैं।

जो हृदय के माध्यम से मस्तिष्क तक यह संदेश पहुंचाने में सफल होते हैं, और हमें यह अहसास कराते हैं कि हम सफल होने से पहले असफल थे, जिसके कारण हमारे नकारात्मक विचार हमारे मन पर बुरा प्रभाव डालने के लिए पर्याप्त होते हैं, भले ही हमारा विश्वास तंत्र कितना भी मजबूत क्यों न हो।

नकारात्मक विचारों का प्रभाव तो पड़ेगा लेकिन यह हवा के झोंके की तरह कुछ समय तक ही रहेगा, यदि स्वयं पर विश्वास की कमी है तो नकारात्मक प्रभाव अधिक देखने को मिलते हैं, जिसके कारण कुंडली की तरह मन में विचार आते रहते हैं जब तक कि कोई अन्य नया अच्छा और आत्मविश्वास बढ़ाने वाला विचार जन्म नहीं ले लेता,

सकारात्मक सोच वाले व्यक्ति का अन्य लोगों पर भी सकारात्मक प्रभाव पड़ता है। जिसके कारण व्यक्ति स्वयं को आत्मविश्वास से भरपूर पाता है। सफल व्यक्ति एक नए जन्म की तरह संसार और समाज में प्रवेश करता है, और समय के साथ सफल व्यक्ति के रूप में जाना जाता है।

ध्यान भटकाव और दिशा विपरीत चीजें हैं, अगर लक्ष्य स्पष्ट है तो ध्यान भटकाव का स्तर कम हो जाएगा और उसकी शक्ति कम हो जाएगी और वह व्यक्ति पर हावी नहीं हो पाएगा और अगर ध्यान भटकाव का प्रभाव हमारे मन पर अपने चरम पर पहुंच गया है।.

ध्यान जीवन के उद्देश्य और लक्ष्य से हटकर नकारात्मक विचारों की ओर चला जाएगा। उद्देश्य यह है कि सकारात्मक दिशा की गति से चिंता को अपने आप कम किया जा सके,

यह रणनीति हमें अपने लक्ष्य को प्राप्त करने में मदद करेगी, अभी चिंता का कारण आमतौर पर सोशल मीडिया पर बहुत अधिक समय बिताने के कारण बेचैनी, अच्छी नींद न ले पाना, खुद के प्रति अप्रिय हो जाना है,

यह हमें तुरंत सफलता पाने की चाहत में फंसा देता है, इस पर हमारे विचार कुछ हद तक एकाकी हो जाते हैं और हम सोचते हैं कि हमें बिना किसी प्रयास के जल्द से जल्द सफलता मिल जाए और यह सब जल्दी से जल्दी हो जाए,

इससे हम जीवन में कहीं न कहीं धैर्य खो रहे हैं। यह इन सभी चीजों को पूरी तरह से बढ़ावा देता है, क्योंकि यह चिंता के स्तर को उतार-चढ़ाव में बदल देता है, जिसके कारण जीवन में जल्दी से जल्दी बदलाव लाने की होड़ मच जाती है, लेकिन हमें प्रकृति के जीवन चक्र की सच्चाई के सामने खुद को समर्पित कर देना चाहिए,

और यह समझना चाहिए कि प्रकृति कभी-कभी जो कुछ भी करती है वह आपके लिए बेहतर भी हो सकता है। हमें प्रकृति के इस उपकार के लिए उसका धन्यवाद और आभार व्यक्त करना चाहिए। हमें मन की शांति की ओर बढ़ना चाहिए।

समय का उपयोग केवल तभी करें जब जरूरत हो। बिना किसी कारण के समय बर्बाद करना व्यर्थ है, क्योंकि समय सीमा तय है, इसका सही और समझदारी से उपयोग करें। जीवन को एक उद्देश्य दें और खुद को बेहतर कल के लिए समर्पित करें।

विचलित होने के कारण

• बिना किसी मतलब के सोचना।

• बबूल के पेड़ से आम तोड़ना।

• बिना बोले मनोरंजन।

• बेकार का काम जिसका वास्तविक जीवन में कोई मतलब या महत्व नहीं है।

• बहुत ज्यादा सोचना। अपने बारे में मन में सिर्फ एक कल्पना बनाना लेकिन हकीकत में कुछ नहीं करना।

ध्यान भटकाने के कारण

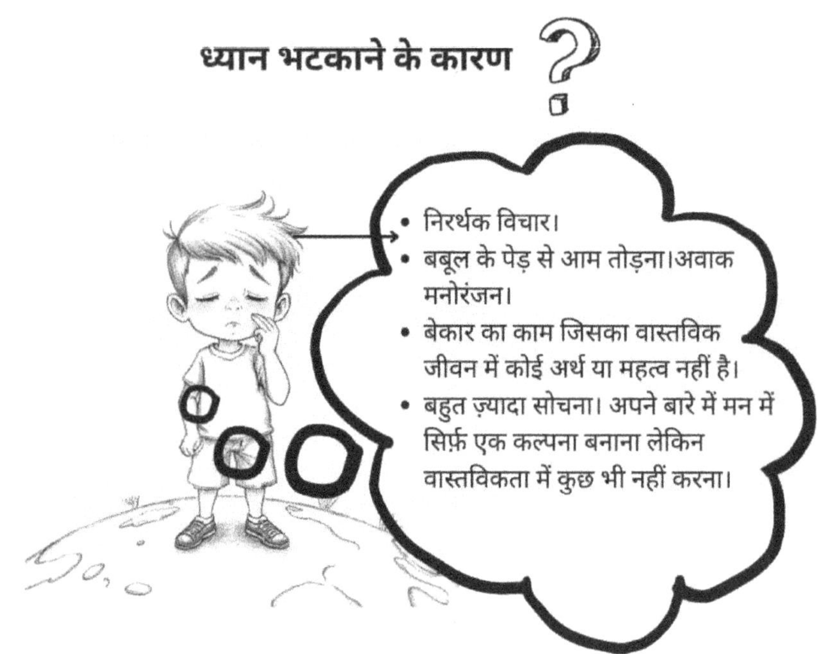

मौन की शक्ति हमारी सोच से परे है और धरती पर मौजूद किसी भी अन्य चीज़ से कई गुना ज़्यादा शक्तिशाली है। मौन और ध्यान से आध्यात्म तक का सफ़र रोमांच से भरी यात्रा का पहला कदम है। मौन को ध्यान का वास्तविक हिस्सा माना जाता है,

या यूं कहें कि यह मानव शरीर के दिल और दिमाग में चल रहे अनचाहे सवालों और अनजान विचारों को कम करने में एक अच्छे दोस्त की तरह मदद करता है। इसके अलावा, हमारी समझ के पीछे अनुभव से पैदा हुए विचारों के निष्कर्षण से प्राप्त आत्मविश्वास वास्तविकता में विश्वास बढ़ाता है।

यह मन और इंद्रियों को इस आशंका के साथ निर्देश देता है कि मन के एक हिस्से में विचारों का तूफ़ान चल रहा है। जबकि वास्तव में यह मानव मन द्वारा सोचने और समझने की प्रतिक्रिया है। व्यक्ति के मन के अंदर विचारों के रूप में आने वाले डर, उम्मीद और नकारात्मक शैली के विचारों का सिलसिला जारी रहता है।

अगर कोई व्यक्ति आध्यात्म से जुड़ा है, तो वह मौन की शक्ति का जीता जागता उदाहरण है, जबकि प्रकृति की अदृश्य शक्ति का अंदाजा लगाना मुश्किल है। हम इस प्रकृति की शक्ति और ऊर्जा को केवल महसूस कर सकते हैं। उदाहरण के लिए

, मौन का एक छोटा सा हिस्सा भी समझने में हमारी सोचने की शक्ति क्षतिग्रस्त हो जाती है। (जिसके कारण हमारे मस्तिष्क और सोचने की शक्ति में बदलाव देखा जा सकता है।)

यह एक मस्तिष्क व्यायाम के रूप में बेहतर काम करता है जिसमें हम एक सही अवधि में लक्ष्य की दूरी का अनुमान लगाने में सक्षम हो जाते हैं.और मानव सभ्यता में परिवर्तन की लहर दौड़ जाती है।

हमारे अंदर अच्छे, बुरे, सही या गलत, सकारात्मक, नकारात्मक, कल्पना, वास्तविकता में अंतर करने की शक्ति जागृत होती है। जो एक शक्तिशाली व्यक्ति बनाती है। इसके पीछे मौन ध्यान की शक्ति महत्वपूर्ण भूमिका निभाती है।

शांत रहना एक कला है, जिसे सीखने के लिए एक मानव जीवन भी पर्याप्त नहीं है। पहले मौन रहें और देखें, फिर प्रतिक्रिया करें और शांत रहने की कला का अनुभव करें। अपने आप को 24 घंटे में से हर दिन सिर्फ 25 मिनट देने का संकल्प लें ताकि हम सभी भ्रम और वास्तविकता के बीच अंतर को स्पष्ट रूप से देख सकें।

शांति पाने और प्रकृति के साथ अपने जुड़ाव को महसूस करने के लिए, ऐसी जगह चुनें जहाँ प्राकृतिक हवा के प्रवाह की मधुर ध्वनियाँ हमारे कानों को छूती हों और शांतिपूर्ण वातावरण और प्रकृति की उपस्थिति को महसूस करें और स्पर्श करें,

जिसमें आपको परम आनंद की खुशी का अनुभव होगा। उन मधुर ध्वनियों को सुनने का प्रयास करें। अपना ध्यान एक जगह पर केंद्रित करने से लक्ष्य मजबूत होगा। ऐसा करने से लक्ष्य मजबूत होगा।

यह हमारे भीतर छिपी प्रतिभा को खोजने में हमारी मदद करेगा। हमारे भीतर कुछ ऐसे बदलाव होंगे जो रचनात्मक और भावनात्मक शैली को मजबूत करने और भावनाओं के रूप में अंदर पनप रहे गुस्से को कम करने में मदद करेंगे।

तभी हम कुछ ऐसे बदलावों की कल्पना कर सकते हैं जो हमें एक बेहतर इंसान बनाकर हमारे भीतर शक्ति का प्रवाह लाएंगे, जो कुछ कल्पनाओं और प्रतिभाओं की तरह हमारे भीतर बेहतर तरीके से स्थापित होंगे।

जो असंभव कल्पना को भी कुछ हद तक संभावना के रूप में प्रस्तुत करने की कला का बेहतर उदाहरण प्रस्तुत करेगा, जो कुछ ऐसी प्रतिभाओं को जन्म देगा जो दुनिया में हमसे बेहतर कोई और नहीं कर सकता।

इस दुनिया के हर हिस्से में हर व्यक्ति के अंदर कुछ अलग प्रतिभा छिपी हुई है। जिसे उजागर होना बस समय की बात है, हर व्यक्ति खुद को एक अलग पहचान देने की होड़ में लगा हुआ है। अगर आप जीवन में कुछ असाधारण करना चाहते हैं, तो अपने लिए कुछ समय जरूर निकालें

क्योंकि खुद से बेहतर खुद को कोई नहीं समझ सकता, खुद से बेहतर किसी दोस्त की कल्पना करना व्यर्थ है। यह एक गंभीर विषय है। जब तक आप अपने लिए कुछ अच्छा और असाधारण नहीं कर सकते, तब तक आप दुनिया या प्रकृति के लिए कुछ भी अच्छा नहीं कर पाएंगे।

यह कल्पना से परे है। इसके लिए आपको अपने मन में स्थिरता और लगन रखकर समझदार बनने की जरूरत है। मौन बहुत शक्तिशाली है। इस दुनिया में जो व्यक्ति एकाग्र रहता है, वह खुद पर नियंत्रण रखता है। उसके लिए कुछ भी करना असंभव नहीं है।

अगर आप अपने मन को शांत रखेंगे, तो अपने विचारों के माध्यम से अनुभवों को समझना आसान होगा। यही कारण है कि कई बार हम जीवन में असफल होने के बाद ही सही निर्णय ले पाते हैं। इसे एक अनुभव के रूप में समझें। जब आपका मन शांत होता है, तो आपके मन में नए सकारात्मक विचार आते

और नए विचारों का जन्म होता है, जो बहुत ही रोमांचक होता है, जो आपके लिए बदलाव की एक प्रक्रिया है। जब हमें एहसास होता है कि हमारे पास कोई नया काम करने या इस काम को सही तरीके से करने के लिए पर्याप्त समय नहीं बचा है ताकि हमें बेहतर परिणाम मिलें,

हम अपनी खुशी अपने परिवार, प्रकृति या खुद से व्यक्त कर सकते हैं, इससे पहले कि हम दुखी और निराश हो जाएं, हम जानते हैं कि प्रकृति हमें अपने होश में आने और कुछ प्रेरणादायक करने का मौका देती है, इसके लिए हमें प्रकृति के प्रति अपना आभार व्यक्त करने की आवश्यकता है,

शांत वातावरण और स्थिति में भी एक रहस्यमय, अदृश्य आवाज होती है, जो इस शोरगुल भरी जिंदगी में आसानी से नहीं सुनी जा सकती।

इसकी ऊर्जा और आवाज को सुनने और महसूस करने के लिए हमें एक शांत वातावरण की आवश्यकता होती है। कुछ ध्वनियाँ ऐसी होती हैं, जो हमें अपने लक्ष्य तक पहुँचने में सहायक भूमिका निभाती हैं।

ध्यान प्रक्रिया के शिखर तक पहुँचने का पहला चरण जैसे पक्षियों का चहचहाना, झरने से गिरते पानी की मधुर ध्विन, बहती हवा की धीमी सरसराहट की ध्वनि भी ध्यान का ही एक हिस्सा है। सबसे महत्वपूर्ण बात यह है कि लंबे समय तक ध्यान करने के लिए एक ऐसी जगह की तलाश करें जहाँ आप ध्यान का अभ्यास कर सकें, जैसे कोई पार्क,

इसे हर जगह पाना बहुत मुश्किल हो सकता है। चूँकि हमें ध्यान की शुरुआत करनी है, इसलिए अपने घर से शुरुआत करें, आने वाली मधुर ध्वनियों पर ध्यान दें, और उन्हें शांति से सुनें और उन पर ध्यान केंद्रित करने का प्रयास करें। यदि आप कोई ध्वनि नहीं सुन पा रहे हैं,

तो अपने अंदर धड़कते हुए अपने दिल की आवाज़ सुनने का प्रयास करें। हाँ, मुझे पता है कि ऐसा करना थोड़ा मुश्किल है, क्योंकि इस व्यस्त जीवन में शांत वातावरण की कल्पना करना कोई आसान काम नहीं है।

अध्याय 9

The story of the assumptions of ants
(चींटियों की मान्यताओं की कहानी)

चींटियों की कहानी की धारणा और अनुभूति

QUOTES
"Whenever we forgive someone and look at the positive side of it, we can feel a positive energy around us and in our mind which shows you as a peaceful mind and a good nature. You should always do this process."

Shubham K. Singh

कहानी (अनुमान के बारे में कहानी)

चींटियों का पहला समूह अपने परिवार में मौजूद बच्चों और खाने-पीने की चीज़ों की देखभाल करते हुए एक नए और बेहतर घर की तलाश कर रहा था। वे थोड़ी ऊँची ढलान वाली चट्टानों की तलाश में घूम रहे थे, ताकि वे अपना घर बना सकें। वे खुशी-खुशी आगे बढ़ रहे थे,

जहाँ कोई आपसी मतभेद या असहमति नज़र नहीं आ रही थी। जो एक आश्चर्यजनक बात है। सभी चींटियाँ एक-एक करके अपने छोटे-छोटे शरीर में खाने के कुछ टुकड़े और तिनके ले रही थीं, जिनका इस्तेमाल घर बनाने में किया जा सके और एक बेहतर कल की तलाश में आगे बढ़ रही थीं।

जब कुछ चींटियाँ थक जातीं, तो वे अंडे और तिनके अपने समूह के दूसरे सदस्यों को सौंप देतीं। और वे अपनी मंज़िल की तलाश में आगे बढ़ने लगतीं। यह प्रक्रिया चल रही थी जो एक अच्छी बात है।

69

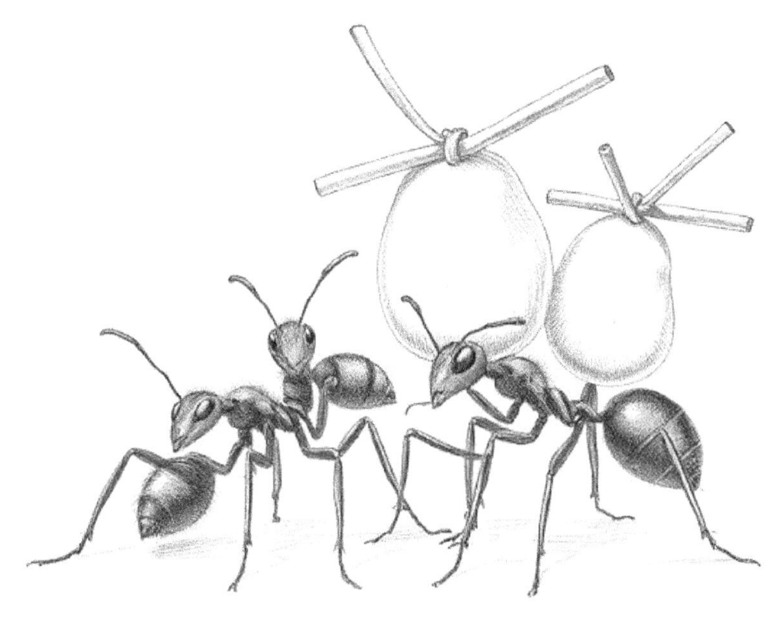

लेकिन भविष्य को लेकर उन सभी में जो खुशी और उत्साह दिखाई दे रहा था और भविष्य के नए उपहार को लेकर उत्सुकता, इच्छा, साथ मिलकर काम करने की क्षमता अद्भुत और प्यारी थी। वे प्रेम और स्नेह की ओर बढ़ रहे थे,

लेकिन शायद चींटियों ने भी नहीं सोचा होगा कि उनका जीवन किस दिशा में जाएगा। कितनी भयावह स्थिति का सामना उन्हें करना पड़ रहा है। चट्टानों तक पहुँचने का समय करीब था कि अचानक हवा का एक झोंका आया और सब कुछ नष्ट कर दिया।.

70

उनके परिवार बिखर गए, उनके अंडे, भोजन, तिनके, सब कुछ टूटे हुए कांच की तरह बिखर गया, मानो यह कोई सपना हो। चींटियों का समूह हवा के झोंके के साथ अलग-अलग दिशाओं और दूर तक उड़ गया। मानो दुखों का पहाड़ टूट पड़ा हो।

अपनी अथक मेहनत से चट्टानों से इधर-उधर उड़ जाने के बावजूद चींटियाँ फिर से उठ खड़ी हुईं, लेकिन इस बार वे पहले से अधिक उत्साही थीं क्योंकि उनमें कोई मतभेद न होने के कारण वही काम दोबारा करने में कोई परेशानी नहीं थी।

कुछ पलों के बाद हवा की गति थोड़ी धीमी हो गई। तो एक बार फिर चींटियों का समूह इकट्ठा हुआ और आगे बढ़ने लगा। यह हम इंसानों के लिए भी एक अविश्वसनीय अनुभव है कि इतने कम समय में अपने दुखों पर काबू पाना आसान नहीं है।

और चींटियों का उसी खुशी के साथ वापस उछलना एक अविश्वसनीय बात हो सकती है। चींटियों का झुंड फिर से उसी उत्साह के साथ अपने लक्ष्य की ओर बढ़ने लगा। कुछ समय बीतने के बाद एक बच्चा वहां से गुजरा और अनजाने में चींटियों के अंडे और तिनके, जो उनके सपनों का ताज थे, सब उस बच्चे के पैरों के नीचे कुचल गए और सभी चींटियां मर गईं क्योंकि जीवन में अचानक दुर्घटनाएं दुर्भाग्यपूर्ण स्थितियां होती हैं।

*"जीवन उधार ली गई ऊर्जा की तरह है जिसे वापस करना पड़ता है"

कोई भी मनुष्य या प्राणी नहीं जानता कि जीवन कब प्रकृति में वापस चला जाएगा। प्रकृति अपने रहस्यों को गुप्त रखना पसंद करती है और जहां प्रकृति के पास रहस्यों का खजाना छिपा होता है, जिसे केवल देखा जा सकता है,

वहां मूलभूत सुविधाओं का जितना चाहें उतना उपयोग किया जा सकता है, लेकिन यह अटल सत्य है कि जीवन खोने के बाद (मृत्यु के बाद) हम अपने साथ कुछ भी नहीं ले जा सकते। हमें प्रकृति को सब कुछ वापस करना है। यह प्रकृति का नियम है। चींटियों का दूसरा समूह पहले समूह की तरह ही छोटे-छोटे पत्थरों को पार करते हुए धीरे-धीरे आगे बढ़ रहा था,

जिसमें उन्हीं चींटियों की तरह उनके पास भी अंडे, तिनके और उनका परिवार था। लेकिन उन सभी में एक बात सामान्य थी कि वे न केवल एक-दूसरे से अलग-थलग थीं, बल्कि उनके विचार बिल्कुल भी मेल नहीं खाते थे, छोटी-छोटी बातों पर झगड़ा करना और गुस्सा करना आम बात थी।

उस समय समूह की कोई भी चींटी एक-दूसरे की मदद नहीं कर रही थी, बल्कि वे तिनकों पर झगड़ रही थीं और एक-दूसरे पर गुस्सा कर रही थीं। मानो यह रोजाना की दिनचर्या हो, दूसरा समूह पहले समूह से बिल्कुल विपरीत था।

उनमें एक दूसरे के प्रति कोई सहानुभूति नहीं थी, कोई लगाव नहीं था, सभी चींटियाँ एक दूसरे की मदद करने और आगे बढ़ने के बजाय, अपने अंडों, परिवार और कुछ तिनकों के टुकड़ों के साथ अकेली आगे बढ़ रही थीं,,

चींटियाँ आपस में और भी लड़ने लगीं और एक दूसरे से चिढ़ने लगीं। आपसी प्रेम की कमी के कारण लड़ना आसान था।

अंडे और तिनके अकेले ढोते-ढोते वह पहले ही बहुत थक चुकी थी, लेकिन इसके बावजूद कोई भी चींटी दूसरी की मदद नहीं कर रही थी। छोटी-छोटी बातों के लिए एक दूसरे पर दोषारोपण करना सामान्य बात है। चींटियाँ खुद को एक दूसरे से बेहतर दिखाने की कोशिश कर रही थीं। तभी उन्हें पता ही नहीं चला कि कब हवा का एक तेज़ झोंका आया और सब कुछ नष्ट कर दिया,

उनके परिवार, अंडे और उनका सामान बिखेर दिया। इतनी बुरी स्थिति के बाद भी एक दूसरे की मदद करने की बजाय लड़ाई और आपसी मतभेद और भी बढ़ गए। फिर वही हुआ जो होना था। जब उसी बच्चे का दूसरा पैर आगे बढ़ा तो अनजाने में चींटियों का दूसरा समूह उसके पैरों के नीचे आ गया और कुचला गया, और वे सभी चींटियाँ और उनका परिवार तुरंत मर गया।

इसी तरह मनुष्य भी एक दूसरे के प्रति घृणा की भावना को दबाते हुए अपना जीवन व्यतीत करते हैं। जबकि कोई भी अन्य व्यक्ति जिसके मन में दूसरों के प्रति घृणा की भावना नहीं होती,

उसे भी प्रकृति से उतना ही जीवन दान मिलता है जितना पहले घृणा करने वाले को मिला था।

जबकि हम अपने आप को हीन भावना और अन्य लोगों के साथ मतभेद से भर लेते हैं और अपना पूरा जीवन बर्बाद कर देते हैं सबसे आगे निकलने की होड़ एक दौड़ की तरह है, लेकिन इसके लिए यह भी ज़रूरी है कि हम अपनी ज़िंदगी सादगी से जिएँ और आगे बढ़ते रहें

लेकिन क्योंकि समय का चक्र निरंतर चलता रहेगा, फिर चाहे हम अपना जीवन उसका आनंद लेते हुए बिताएं या बेचैनी और हीन भावना के साथ बिताएं, खुद को सुख-दुख से भरे जीवन का दोष देते रहें, दुर्भाग्य से यह प्रकृति के प्रेम को समझे बिना हो सकता है, यह जानना आवश्यक है कि प्रकृति हम सभी को एक सीमित समय देती है, जो खुश रहने और प्रकृति के रहस्य को समझने, खुश रहने और उसका आनंद लेने के लिए पर्याप्त है।

समय का पहिया घूमता रहता है चाहे इस ब्रह्मांड में कोई मौजूद हो या न हो, किसी इंसान का जीवन हो या न हो, पेड़-पौधे, फूल-पत्ते, जानवर के न होने से समय के घूमते पहिये पर कोई प्रभाव नहीं पड़ता और ब्रह्मांड की संरचना चलती रहती है,

तो अगर किसी व्यक्ति को किसी बात का गर्व है, तो उसे उस मृत व्यक्ति की राख को जरूर ध्यान से देखना चाहिए और एक बार बस कल्पना करनी चाहिए कि यह वही राख है, जिसने जीवन में सब कुछ किया होगा, हर वह कोशिश की होगी कि जीवन कभी खत्म न हो लेकिन ऐसा नहीं हुआ,

जीवन का खत्म होना तय है। समय चक्र दिन, रात, प्रतिदिन अलग-अलग रूपों में खुद को बदलता रहता है, लेकिन समय कभी नहीं रुकता, न हमारे लिए और न ही किसी अन्य जीवित संरचना के लिए, चाहे हम मौजूद हों या नहीं,

जीवन में कुछ अच्छे काम करने में अपना कीमती समय लगाएँ और एक खास जगह पर टिके रहकर उस पर काम करें, अगर उसे सही ढांचे में ढालना है तो लगातार प्रयास करें। और जीवन को अनुकूल आकार देने का प्रयास करें। जीवन के कुछ असत्यों को नज़रअंदाज़ करें

और सत्य के पथप्रदर्शक बनें। हो सके तो मदद का संदेश आगे बढ़ाएँ। छोटी-छोटी खुशियाँ बाँटकर आप जीवन का अहम हिस्सा बन सकते हैं। प्रकृति भी हमें खुश रहना सिखाती है क्योंकि जीवन एक बार ही मिलता है और पता नहीं कब दोबारा मिलेगा। याद रखें कि इस ब्रह्मांड में हर इंसान अद्वितीय है और गुणों, प्रतिभाओं और अद्भुत कलाओं से भरा हुआ है।

सभी इंसानों में एक जैसे गुण नहीं होते। आप और मैं अलग और अद्वितीय हैं। किसी और जैसा बनना व्यर्थ है। जीवन के आनंद में खो जाएँ। या तो जीवन को बोझ की तरह ढोते रहें, समस्याओं से सीखते रहें और अनुभव से जीतते रहें

या फिर बस जीवन जीते रहें। जैसे नकारात्मक चींटियों के उस दूसरे समूह की व्यापकता से सीखते हैं। जीवन के उद्देश्य को समझें और आगे बढ़ें। किसी और जैसा बनने से जीवन में कुछ नहीं मिलता। केवल 'काश' की आशा ही जीवित रहती है।

इस पूरे ब्रह्मांड और दुनिया में कुछ लोग बिल्कुल हमारे जैसे दिखते हैं और कई हमारे जैसे ही दिखते हैं, वे खाते-पीते हैं, सोते हैं, उठते-बैठते हैं, रोते-हँसते हैं, वे सभी क्रियाकलाप हमारे जैसे ही करते हैं, जीवन में कुछ घटनाएँ होने पर वे हमारी तरह ही प्रतिक्रिया करते हैं।

लेकिन प्रकृति हर किसी के मन में अलग-अलग प्रतिभाओं और भावनाओं को जन्म देती है, और प्रकृति हर किसी को अलग-अलग गुणों से भरकर एक संपूर्ण शरीर का निर्माण करके धरती पर भेजती है। जिसमें सबके काम करने, सफल होने और असफल होने की प्रक्रिया अलग-अलग होती है,

जैसे जो व्यक्ति अंधा होता है, यह बहुत ही दुखद बात है, वह केवल मन की दृष्टि से ही देख सकता है जबकि जिसके पास आंखें होती हैं वह सुंदर दुनिया देख सकता है। जबकि अंधा व्यक्ति मन की आंखों से दुनिया को सुंदर बनाकर देखता है। क्योंकि उसने पहले दुनिया नहीं देखी होती है,

वह अपने मन में प्रकृति की सुंदरता की कल्पना करता है, अपनी समझ के अनुसार सुंदरता को उजागर करता है, उसका चित्र बनाता है। हम सभी जानते हैं कि प्रकृति बहुत सुंदर दिखती है। जबकि बेचारे अंधे लोग केवल मन की आंखों से ही देख पाते हैं,

लेकिन हमारे पास आंखें और मन की आंखें दोनों हैं। लेकिन हम फिर भी दुखी हैं। जिसके माध्यम से हम प्रकृति की अद्भुत सुंदरता को देख और महसूस कर पाते हैं,हमें

खुश होना चाहिए कि हम अपनी अनमोल आंखों से प्रकृति की संरचना को देख पा रहे हैं, हम खुश रहने की कोशिश करते हैं लेकिन हम फिर भी दुखी रहते हैं, क्योंकि हम किसी लत के जाल में मछली की तरह फंसे हो सकते हैं,

जिसके पास खोने या पाने के लिए कुछ नहीं है, वह भी खुश हो सकता है, लेकिन हम फिर भी खुश नहीं रह पाते, क्योंकि हम एक-दूसरे और प्रकृति को समझे बिना ही जीवन में आगे बढ़ते रहते हैं, इसलिए हमें सच्चाई जाननी चाहिए, अगर हमने प्रकृति के खेल को समझ लिया है, तभी हम खुश हैं।

निष्कर्ष

चींटियों के दोनों समूहों की समस्याएं और परेशानियाँ एक जैसी थीं, दोनों को ही मरना था, फिर भी चींटियों का एक समूह खुशियाँ बाँटकर, एक-दूसरे के साथ सहानुभूति रखकर और एक-दूसरे की मदद करके स्थिति का आसानी से सामना कर रहा था, जबकि दूसरे समूह की चींटियाँ लड़कर आगे बढ़ रही थीं।

वे एक-दूसरे की कमियों को उजागर कर रही थीं, दोनों समूहों की समस्याओं में जीवन के संघर्ष एक जैसे थे। और जीवन का अंत और गंतव्य भी एक ही था। दुखी होने और एक-दूसरे को दोष देकर दूसरों को दुखी करने से बेहतर है कि हम जीवन की छोटी यात्रा का आनंद लें और भावनाओं और कल्पनाओं से भरी यात्रा में खुशियाँ बाँटते रहें और खुद भी खुश रहें।

अध्याय 10

Lack & lock of happiness motivation

(खुशी की प्रेरणा का अभाव और ताला)

चलिए बात करते हैं उस खुशी की जो एक तरह से बंद होती है और फिर हम अपनी पूरी जिंदगी उस खुशी की चाबी को खोजने में निकाल देते हैं। वो बचपन के दिन और अच्छी खामोश यादें बस यादें ही रह गई हैं।

बचपन में जो जोश और जिंदगी को खुलकर जीने का जज्बा हमारे अंदर था वो अब वयस्क होते ही कहीं खो गया है। हमारे खुशनुमा दिन मानो जादू की तरह गायब हो गए हैं। और रह गए हैं तो सिर्फ बचपन के खुशनुमा पल और सुनहरी यादें। हमें याद है कि बचपन बहुत खूबसूरत था

और हम ऐसा मानते भी थे लेकिन कुछ हद तक ये सच भी है। लेकिन हम अपनी जिंदगी सिर्फ उन पुरानी यादों और पलों को याद करके नहीं बिता सकते। अब हम सब बड़े हो गए हैं और समझदार लोग बन गए हैं जो हमारी जिम्मेदारियों ने हमें बनाया है। बचपन में जब भी हम खेलने या घूमने जाते थे

तो हमें पता ही नहीं चलता था कि कब शाम हुई और कब रात और हम इतना खेलते थे कि दिन और रात भी काफी नहीं लगते थे। अब हम जिम्मेदार और बड़े हो गए हैं अब हमें बस शाम का इंतजार रहता है।

कब शाम होगी और कब हम घर जाएंगे? बचपन एक ऐसा दौर होता है जहाँ ऐसी कोई चिंता या डर नहीं होता था जो हमें बार-बार परेशान करता रहे। और अब परिवार को खोने का डर, नौकरी न मिलने का डर और अगर मिल भी जाए तो,,

फिर उसे खोने का डर मन में अलार्म घड़ी की तरह सूचनाएं भेजता रहता है। कौन जानता है कि कितना जीवन बचा है और कितनी तेजी से जीवन कम होता जा रहा है। वयस्कता में मनुष्य कई अज्ञात और अनसुलझे समस्याओं से जूझता रहता है।

हमारे साथ कई बार कुछ ऐसा जरूर होता है जो आज भी मन को आकर्षित करता है जैसे बचपन में हमें पक्षियों की आवाज सुनना अच्छा लगता था। आज भी कहीं न कहीं पक्षियों की मधुर आवाज सुनाई देती है,

हम फिर से उसी खुशहाल और चंचल दुनिया की ओर रुख करते हैं जो हम सभी का मन मोह लेती है, पेड़ की छाया और मंद शीतल हवा की सरसराहट मन को खूब लुभाती थी और आज भी हमें आकर्षित करती है, यह आज भी सुहावनी हवा और सुनहरी यादों के रूप में जीवित है लेकिन आज के समय में

ऐसा लगता है जैसे पक्षियों की चहचहाट सुनना दुर्लभ हो गया है। अब तो केवल वाहनों की आवाजें ही कानों को छूती हैं। जो आंतरिक खुशी और आनंद के लिए पर्याप्त मानी जाती है,,

भागदौड़ भरी जिंदगी में मन को शांत और खुश रखना एक कला की तरह है, बचपन इतना सच्चा और प्यारा होता है, मानो रिश्तों को निभाना हो, इंसान के अंदर इन दो भावनाओं का होना ही रिश्तों को मजबूत बनाने के लिए काफी होता है। जो बचपन में जरूरत के हिसाब से पूरी हो जाती है।

तब अगर हमें भूख भी लगती तो खाना न भी मिले लेकिन हमारा ध्यान भूख पर नहीं जाता। खेलने-कूदने और खुश रहने में बंटा रहता था। अब बदलाव ये आ गया है कि खाना खाने का एक खास समय तय हो गया है, वयस्क होने पर हम भागदौड़ में इतने व्यस्त हो जाते हैं कि हमें भूख तो लगती है ले

किन खाना खाने का वक्त नहीं मिलता। अगर घर के सभी सदस्य एक परिवार की तरह साथ होते तो खुशियां खुद ही दरवाजे पर दस्तक देती और खुश रहना भी जाहिर सी बात है, जबकि आज के समय में हम अपनों को समय और

खुशी दोनों ही नहीं दे पाते, जिस खुशी के लिए इंसान अपनी पूरी जिंदगी बर्बाद कर देता है। वो खुशी हमें बचपन में ही खुशी की कुंजी के तौर पर मिल जाती है, हमें ये बात समय रहते समझ लेनी चाहिए।

इससे पहले कि बहुत देर हो जाए। बचपन की लड़ाइयां और मतभेद भले ही एक दूसरे से नाराजगी की वजह बन जाते थे लेकिन नाराजगी ज्यादा दिनों तक नहीं टिक पाती थी। फिर हम खुशी-खुशी सबको माफ कर आगे बढ़ जाते थे,,

आज के समय में कोई कब नाराजगी की वजह बन जाता है। आपको इसका एहसास भी नहीं होता, लेकिन आज यह याद रखने लायक है कि जब आप अपने वयस्क जीवन में बहुत खुश हों, तो कोई भी ऐसा कमिटमेंट लेने से बचें, जिसे आप पूरा नहीं कर सकते,

क्योंकि उठाया गया अधूरा कदम नाराजगी की बड़ी वजह बन सकता है। इसका कारण यह है कि समय के साथ हमारी धैर्य रखने की शक्ति इस हद तक खत्म हो जाती है कि कुछ पाने की चाह में हम सबकुछ भूल जाते हैं, धैर्य ही नहीं, बल्कि धैर्य का ख्याल भी दिमाग में नहीं आता,

जबकि धैर्य के सही इस्तेमाल से हम बेहतर भविष्य की प्रार्थना कर सकते हैं, जिससे एक धैर्यवान व्यक्ति का निर्माण हो सकता है। धैर्य की कल्पना की जाती है और धीरे-धीरे संघर्ष भरे समय के बाद धैर्य एक शक्तिशाली धैर्यवान व्यक्ति के रूप में निर्मित होता है।

हमें जीवन में यह ध्यान रखना बहुत जरूरी है कि हमें पैसों के अत्यधिक लेन-देन से बचना चाहिए, अगर स्थिति गंभीर है, तो उसकी मदद करने की कोशिश जरूर करें, जैसे तन, मन या धन से जुड़ी मदद करने की कोशिश करें, क्योंकि मदद की परिभाषा इन तीनों के रूप में हो सकती है। हमारा मस्तिष्क धीरे-धीरे विकसित होता है और बेहतर स्तर पर पहुंचता है। इसी तरह,

पर्यावरण में मौजूद इंसानों के व्यवहार और भावनाओं और उनमें होने वाले बदलावों का अवलोकन और मूल्यांकन करना ज़रूरी है। हम खुशी को लेकर इंसान की सोच में बदलाव देखते हैं, जिसकी वजह से लोगों के सोचने-समझने की प्रक्रिया गंभीर होती जा रही है।

इसकी वजह यह है कि हमारे द्वारा बनाए गए काल्पनिक दुख हो सकते हैं। लेकिन कई बार किसी दूसरी समस्या की वजह से होने वाला दुख परेशानी की वजह भी बन सकता है। जीवन को समस्याओं से भरा बताना भी उनका स्वभाव हो सकता है, जिसे समय के हिसाब से बदला जा सकता है।

किसी दूसरे की खुशी देखकर हम कल्पना करते हैं कि शायद हम भी उसी वजह से खुश हो सकते हैं जिसकी वजह से वह व्यक्ति खुश है और अगर हम उनका अनुसरण करें तो हमें भी खुशी मिलेगी, लेकिन इससे पहले कि बहुत देर हो जाए, अपनी खुशी की तुलना किसी और की खुशी से करना बेकार है।

हां, कुछ वजहें ऐसी हो सकती हैं जो बिल्कुल एक जैसी हों। इसका मतलब यह नहीं है कि आपको भी उसी तरह खुशी मिलेगी जिस तरह से दूसरे व्यक्ति को खुशी मिल रही है। यह ज़रूरी नहीं है कि हमें भी उस स्थिति में खुशी मिले। हम समझते हैं कि प्रकृति ने सभी मानव शरीर, जानवर, पौधे, फल आदि

को अलग-अलग तरीके से बनाया है, जिसके कारण सभी के गुण भी अलग-अलग हैं। याद रखें, यह कल्पना करना बेकार है कि हम सभी एक ही परिस्थिति में एक ही तरह से व्यवहार करेंगे और एक ही तरह से खुश रहेंगे।

"याद रखें कि हमारे सुख के समय में जो बदलाव होता है, दुख के समय वह बिल्कुल विपरीत हो जाता है। जो लोग सुख में हमारे साथ खुशियाँ बाँटते हैं, दुख में हमारे प्रति गलत रवैया अपना लेते हैं।."

प्रकृति हमें जीवन जीने के लिए मुफ्त में पानी देती है, इसकी कोई कीमत नहीं चुकाई जा सकती, वही लोग जो अच्छे वक्त में हमें मुफ्त में पानी देते थे, बुरे वक्त में पानी और खाने की कीमत पर चर्चा करने लगते हैं।' लेकिन पानी के स्वभाव में कोई बदलाव नहीं दिखता,

जब आपका वक्त खराब था तब भी ये बहुत शांत था और आज आप एक सफल व्यक्ति के रूप में अच्छे वक्त से गुजर रहे हैं, पानी आज भी शांत और शीतल है, शांत स्वभाव और शीतलता पानी से सीखनी चाहिए,

भले ही पानी सभी जंगली जानवरों, मनुष्यों आदि को जीवन देता है। पानी के स्वभाव में शालीनता है, तो फिर हम सभी में विनम्रता क्यों न हो, हमें पानी से सीख लेकर उसकी शीतलता को अपने जीवन में लागू करने की जरूरत है। वही लोग इस बुरे समय के कारण पर चर्चा करने में व्यस्त हो जाएंगे।

जबकि प्रकृति हमें आज भी मुफ्त में पानी दे रही है, प्रकृति को इस बात से कोई फर्क नहीं पड़ता कि हमारा समय अच्छा है या बुरा। प्रकृति हमेशा से दयालु रही है, तो क्यों न हम प्रकृति को महसूस करने और खुद को जानने और समझने के लिए समय दें।अगर हमें जीवन को समझने में विश्वास है, तो हमें एक पेड़ लगाने की कोशिश जरूर करनी चाहिए,

क्योंकि जो आज है वो कल नहीं हो सकता। लोग और परिस्थितियाँ बदलती रहेंगी। हम तब भी जीवित थे, जब हम दुखों का सामना कर रहे थे और हम आज भी जीवित हैं, जब हम सभी बहुत खुश हैं। क्योंकि सुख और दुख अस्थायी भावनाएँ हैं। और ये बदलती रहती हैं।

जैसे लोगों की आलोचना करने की भावनाएँ अस्थायी हो सकती हैं, वैसे ही प्रेम, विचार, भावनाएँ परिस्थितियों की गुलाम होती हैं, वे परिस्थितियों को देखकर बदलती व प्रतिक्रिया करती हैं।सकारात्मक परिस्थितियों में वे सकारात्मक व्यवहार करते हैं और नकारात्मक परिस्थितियों में वे नकारात्मक व्यवहार करते हैं।

खुद को खुश रखना भी किसी रहस्य से कम नहीं है, हमें खुश रहने के स्रोत को खोजने में कुछ समय लगाना चाहिए। मन, शरीर और धन से व्यवहार करना एक कूपन कोड की तरह है, इसका सही मूल्य तब समझ में आता है जब परिस्थितियाँ प्रतिकूल होती हैं, हम इसका उपयोग तभी करते हैं जब परिस्थितियाँ गंभीर रूप से बिगड़ जाती हैं, एक कूपन कोड की तरह है, इसका सही मूल्य तब समझ में आता है

जब परिस्थितियाँ प्रतिकूल होती हैं हम इसका उपयोग तभी करते हैं जब परिस्थितियाँ गंभीर रूप से बिगड़ जाती हैं, तभी जीवन में समस्याओं से घिरे रहने का विचार मन में उत्पन्न होता है। जीवन जीने के लिए,,

कुछ चीजों का पर्याप्त होना जरूरी है, यह सब उतना ही जरूरी है जितना भूख लगने पर एक रोटी काफी होती है। भूख तो सिर्फ एक रोटी से मिट सकती है, लेकिन लालच की भूख 100 रोटियों या किसी और अनगिनत चीजों से भी नहीं मिट सकती। लेकिन इसका मतलब यह नहीं है

कि आप अपने काम को बेहतर तरीके से करने की कोशिश न करें क्योंकि खुद को मजबूत और बेहतर बनाने के लिए लगातार कोशिश करते रहना बहुत जरूरी है। लेकिन साथ ही याद रखें कि खुद को खुश रखना भी जरूरी है। इस बात का ख्याल रखें कि आप एक खुशहाल और अच्छी जीवन शैली के लिए सक्षम व्यक्ति हैं या नहीं।

अगर आप ऐसा नहीं करते हैं तो जितना मर्जी व्यस्त रहें। जिंदगी जीने का कोई मतलब नहीं रह जाता, जिंदगी की सीमा खत्म होने में ज्यादा समय नहीं लगता और इसके खत्म होने से पहले ही इसकी सूचना को भांप लेना समझदारी है। यह मानकर कि सब कुछ अस्थायी है,

एक नई सोच और एक नए लक्ष्य को शामिल कर जिंदगी को बेहतर दिशा देने की कोशिश करें क्योंकि जिंदगी एक रहस्य है, इसे जानने के साथ इसका आनंद लें और समय सीमा खत्म होने

से पहले खुद को एक बेहतर इंसान बनाने की कोशिश करते रहें। यह अटल सत्य है कि एक दिन हम सभी को मरना ही है।इसे एक उदाहरण से समझते हैं,

जैसे बेहतर भविष्य व काम की तलाश में हम कई सालों तक अपने परिवार से दूर रहते व अपनी ज़िंदगी कुर्बान कर देते हैं,,

यहां तक कि अपनी जवानी और खूबसूरत पलों को भी खुद को काबिल बनाने के लिए इस्तेमाल करते हैं, जैसे हम किसी सपने को पूरा करने के लिए खुद को समर्पित कर देते हैं और फिर बाद में जिसे हम सपना मानते थे वह पूरा हो जाता है। उस समय हमारी खुशी का ठिकाना नहीं रहता था,

हम खुद को प्रफुल्लित और गौरवान्वित महसूस करते थे, जिसे शब्दों में बयां करना थोड़ा मुश्किल है और फिर धीरे-धीरे समय बीतने के साथ-साथ हमारे मन में आने वाले नकारात्मक और सकारात्मक विचार एक ही काम को करते हुए बेचैनी का कारण बन जाते हैं और हर दिन एक रूटीन की तरह महसूस होने में मदद करते हैं, जैसे दिमाग में बेकार के विचार आना एक सामान्य बात हो जाती है,

समय बीतने के बाद एक ही काम पर ध्यान केंद्रित न कर पाना तनाव जैसी स्थिति पैदा होने की प्रक्रिया शुरू कर देता है, याद कीजिए वह काम जिसके लिए हमारे दिमाग और दिल ने कई कल्पनाएं की थीं। जिसके कारण हमारे दिमाग ने एक सपने का रूप ले लिया। इस सपने को पूरा करने के लिए हम सभी जीवन चक्र के दौरान सपनों की

कल्पना को हकीकत में बदलने की कोशिश करते रहे और में बदलने की कोशिश करते रहे और एक दिन, महीने से महीने और फिर सालों में कब बदल गया, हमें पता ही नहीं चला।

मानो समय नदी के प्रवाह की तरह बह रहा हो। हम सभी जानते हैं कि एक दिन हम सभी के लिए जीवन का समय रुक जाएगा लेकिन फिर भी हम अपने जीवन से प्यार करते हैं, हम मरने के बाद भी खुद से उतना ही प्यार करने की सोचते हैं जितना हम जीते जी खुद से करते हैं। जबकि हम जानते हैं कि जिस काम को हम करना पसंद करते थे,,

अच्छे, आनंदमय और बेहतर सपने बुनें। आज मन में एक ही बात को बार-बार करने से दुख, परेशानी, तनाव जैसी स्थितियां पैदा होती हैं, इसका मतलब है कि हमारे पास जो कुछ भी है वह पर्याप्त हो सकता है और कुछ भी स्थायी नहीं है, यह अस्थायी है जैसे पैसा, लोग, खुशी और दुख, सभी अस्थायी हैं,

और इसका महत्व केवल उतना ही है जितना जीवन जीने के लिए पर्याप्त समय है, खुद को अजेय बनाने की कोशिश करते रहें। लेकिन यह भी ध्यान रखें कि खुशी और दुख दोनों आने और जाने के लिए बने हैं,

यह हमेशा आपके और हमारे साथ नहीं रह सकते हैं, इसके पीछे छिपे कारण जैसी बुनियादी चीजों को देखें और समझें (और जीवन को स्पष्ट और सरल बनाएं) सपने बुनते रहें और आगे बढ़ते रहें, क्योंकि आगे बढ़ना ही हमारे जिंदा होने की निशानी है।

अध्याय 11

Traveling gives rise to positive thoughts ,like a thought generator .

(यात्रा सकारात्मक विचारों को जन्म देती है, एक विचार जनरेटर की तरह।)

यात्रा करना हम सभी के लिए किसी अच्छे अनुभव से कम नहीं है। मानसिक रूप से बीमार व्यक्ति के लिए यात्रा करना एक थेरेपी की तरह काम करता है। क्योंकि यह मन को शांत करता है और नए विचारों को जन्म देता है। जीवन की यात्रा के साथ-साथ हमें परिवहन के साधनों से भी यात्रा करनी चाहिए,

क्योंकि यह मन को शांत करता है, अवांछित विचारों को नष्ट करता है और अच्छे विचारों को जन्म देता है, जिससे दुनिया को देखने और उसका मूल्यांकन करने का हमारा नज़रिया बदल जाता है। और ऐसा लगता है जैसे जीवन में नई उम्मीद और सफलता की चमक साफ़ दिखाई देने लगती है,

और हमारी सोचने के नज़रिए को बदलने में हमारी मदद करती है। हमें अपने जीवनकाल में यात्रा अवश्य करनी चाहिए, भले ही बजट कम हो, छोटी यात्रा का आनंद लें लेकिन ज़रूरत पड़ने पर यात्रा का आनंद लेने का अवसर न चूकें। एक व्यक्ति को सप्ताह में एक बार यात्रा करनी चाहिए। ऐसा कोई कठोर नियम नहीं है

कि आपको अपने बजट से ज़्यादा खर्च करके लंबी यात्रा पर जाना है। आप अपने बजट के अनुसार यात्रा की दूरी तय कर सकते हैं। जब भी यात्रा करने का मन करे, हो सके तो घूमने के लिए ऐसी जगह चुनें जहाँ आप प्रकृति की खूबसूरती देख सकें और उसके रहस्य में खो जाएँ। यात्रा के अनुभव का पालन करना ज़रूरी है।.

- यह अनुभव अनुभव के आधार पर आया है जिसे मैं शब्दों के माध्यम से बता रहा हूँ। इसका व्यावहारिक और सैद्धांतिक भाग है। लोगों और प्रकृति के प्रति भावना बदल जाती है जिसके कारण कठोर हृदय कोमल हृदय बन जाता है। जब भी हम प्रकृति को महसूस करते हैं, वह कितनी शांत और सरल है, उसके प्रभाव से हमारा मन शांत हो जाता है और व्यक्ति कोमल हृदय बन जाता है।.

- क्योंकि उस व्यक्ति को यह पता चल जाता है कि प्रकृति इतनी शक्तिशाली होने के बावजूद भी बिना वजह किसी को नुकसान या क्षति नहीं पहुंचाती है, तो हम तो बस एक साधारण इंसान हैं, एक जीव हैं। प्रेम और सद्भाव, विनम्रता प्रकृति के वरदान के रूप में हम बांटते रहेंगे, इस सत्य को समझने के बाद, इस कारण से मन शांत और प्रकृति में सरलता महसूस करने लगता है।.

हमारा चेतन मन नए वातावरण को रजिस्टर करता है, नए लोगों से मिलता है, या हमारी आंखें कुछ नया देखती हैं, जो पहले कभी अनुभव नहीं किया गया, तो यह सब मन में एक तस्वीर के रूप में मिलने लगता है, फिर एक नया विचार जन्म लेता है, और जीवन जीने की उम्मीद की एक नई दिशा दिखाई देती है.

इसी तरह जब हम यात्रा करते हैं तो हमारी इंद्रियाँ एक जगह केंद्रित हो जाती हैं। इससे नए विचार, नए विचार जन्म लेते हैं। हम बुरे अनुभवों से उबर पाते हैं। तभी व्यक्ति आगे बढ़ पाता है। जैसे कोई लंबी यात्रा पर जाता है,

तो यात्रा कई घंटों की भी हो सकती है। तो इस समय ध्यान कैसे केंद्रित करें, अगर आपको कुछ समय बाद बोरियत महसूस हो तो आप कोई भी मेडिटेशन म्यूजिक सुन सकते हैं! अगर आपकी कोई पसंदीदा किताब है.

आप इसे पढ़ सकते हैं या ऑडियो बुक सुन सकते हैं। अगर आपके पास यह किताब नहीं है तो आप **Shubham K. Singh** द्वारा लिखी गई पुस्तक Energy can be done भी पढ़ सकते हैं! जब भी आप कहीं जाएँ तो तय करें कि आपका साथी कौन है! इससे आपकी जीवन यात्रा सुखद हो जाएगी!

अध्याय 12

REAL MEDITATE

(वास्तविक ध्यान)

(वास्तविक ध्यान)

हमने अपने जीवन में अक्सर ऐसे लोगों को देखा है जो कई घंटों तक एक ही जगह पर बैठकर ध्यान लगाते हैं। या यूं कहें कि वे ध्यान लगाने की कोशिश करते हैं! क्या एक जगह बैठकर बस कुछ सोचना और कुछ क्रियाकलाप करना ध्यान कहला सकता है! दरअसल, उस अवस्था में लोग बस अपनी आंखों और पेट को आराम दे रहे होते हैं।

इसके अलावा, ध्यान एक उबाऊ काम है। ध्यान कई सालों से लोगों के लिए एक उबाऊ विषय रहा है, और ऐसा हो भी क्यों न, क्योंकि जब तक ध्यान लगाने वाले यह नहीं समझेंगे कि यह गहरी नींद प्रकृति की उबाऊ संरचनाओं में से एक नहीं है।

बल्कि, आध्यात्मिकता, महान, जीवन में बहस के दौरान शांत और सरल तरीके से प्रतिक्रिया करने के लिए एक बेहतर व्यक्ति को तैयार करती है, अजेय बनने का रास्ता इसी से होकर जाता है,

(दुनिया में हर जीवित चीज एक जीवन जीती है, जानवर भी एक जीवन जीते हैं, हम इंसानों में हर समस्या से लड़ने और हर परिस्थिति को सही तरीके से संभालने की क्षमता होती है और दिन-ब-दिन हम समय रहते समाधान खोजने में सक्षम होते जाते हैं। इस शक्ति को अनुभव कहते हैं, लेकिन दुनिया के हर व्यक्ति को यह जानना चाहिए कि वर्तमान में जीना ही असलियत में जीवन जीना है,

अन्यथा भय आपके सामने हाथ फैलाए खड़ा है, भविष्य के उस भय से सभी भयभीत हैं, जिसका पता भी भविष्य में ही चलता है, जिसे हम भय समझ रहे हैं वह हकीकत में हो भी सकता है और नहीं भी!!, पर भय बना रहता है, इसीलिए वर्तमान में जीना ही वास्तविक जीवन में जीने जैसा है,

जिसका अर्थ है समझ, ज्ञान और ध्यान का मार्ग जहाँ से समझ और अध्यात्म जैसे सशक्त शब्द बनते हैं। मैंने यहाँ समझ को सशक्त शब्द क्यों कहा, ऐसा इसलिए क्योंकि दुनिया का प्रत्येक व्यक्ति क्रोध, खुशी आदि नामक उपकरणों का उपयोग करके सभी क्रियाओं, अच्छी या बुरी, पर प्रतिक्रिया करता है।

मस्तिष्क हमारे द्वारा दिए गए निर्देशों के अनुसार प्रतिक्रिया करता है। मस्तिष्क को यह नहीं पता होता कि किस स्थान पर कौन सी क्रिया करना बेहतर होगा, यह हमें उपस्थित हुई या की गई सूचनाएँ होती हैं जिनके आधार पर हम निर्णय लेते हैं!लेकिन सही और सटीक निर्णय लेने के लिए केवल हमारी समझ ही उपयोगी है,

तभी हम अपने स्वभाव और लोगों के प्रति अपने कोमल स्वभाव और सहानुभूति को व्यक्त करते हुए हर पल को पूरी ईमानदारी के साथ जीना शुरू करेंगे, ताकि भविष्य की बजाय वर्तमान में ही अपने जीवन को बेहतर आकार देने का प्रयास करेंगे, लोगों के प्रति सजग और सचेत और संयमित रहेंगे।

किसी अच्छे या बुरे अनुभव के बाद मानवीय प्रतिक्रियाएँ। .

समर्पण

अगर आप लगन से काम करेंगे तो आपको काम में सफलता मिलेगी, लेकिन इरादा नेक और सम्माननीय होना चाहिए!

ध्यान केंद्रित करना

अगर आप किसी काम पर ध्यान केंद्रित कर सकते हैं, तो सफलता के लिए एक स्पष्ट, स्पष्ट दिशा दिखाई देगी और यह एक मजबूत स्थिति बनाएगी। आप जब तक चाहें एक जगह पर ध्यान केंद्रित कर सकते हैं।

धारणा

ज़्यादातर लोग दूसरों को अच्छा दिखाने में लगे रहते हैं और खुद को भूल जाते हैं! हम किसी को नहीं बदल सकते लेकिन आप खुद को बदल सकते हैं, आपका सही फैसला आपकी ज़िंदगी बदल देगा।

समस्या समाधान के बाद (समस्या के पीछे की समझ)

यहाँ समझ काम आएगी, अगर हमारा ध्यान सिर्फ समस्याओं पर है, तो समस्या बड़ी और बड़ी दिखाई देगी! अगर ध्यान मंजिल पर है, तो मंजिल और भी स्पष्ट और आसान हो जाती है!

खुशी

खुशी को अपने अंदर खोजने की जरूरत है। जब कोई व्यक्ति कुछ हासिल करने की कोशिश कर रहा होता है, तो वह कड़ी मेहनत करता है। लेकिन यात्रा के दौरान जो खुशी मिलती है, वह अलग होती है, सफल होने के बाद, यह खुशी से आँखों को नम कर देती है।

समर्पण

जब कोई अच्छा काम करता है, तो उस काम के प्रति जुनून होता है। वह कभी खुद को थका हुआ महसूस नहीं होने देता।

साहस

अगर आप जीवन में बुरे समय में साहस और निर्भीकता के साथ खुद को और इस परिस्थिति को संभालते हैं, तो आप जीवन में एक अजेय व्यक्ति के रूप में पहचाने जाते हैं, और फिर बाकी सभी को पता चलता है कि साहस आपके नाम से आता है, हमें मुश्किलों का सामना साहस के साथ करना चाहिए, यही जीवन की सच्चाई है!

यह प्रक्रिया आपको प्रेरित रखने में मदद करती है।

अध्याय 13

Virtual Happiness makes Me Stupid ?

(आभासी खुशी मुझे बेवकूफ बनाती है?)

हाँ, हमें खुशी मिल सकती है लेकिन उससे पहले यह समझ लीजिए कि लगभग सारी खुशियाँ आभासी होती हैं। लेकिन मैं उस खुशी की बात कर रहा हूँ जिसे कोई भी व्यक्ति अपने जीवन का हिस्सा मानता है

लेकिन वह खुशी आभासी ही होती है। या यूँ कहूँ कि उसका जीवन में कोई मतलब नहीं होता। जैसे हम किसी के निजी जीवन और उस व्यक्ति की खुशी को अपने जीवन से तुलना करने की कोशिश करते रहते हैं और सोचते हैं कि काश मेरा जीवन भी वैसा ही हो जाए,

जब तक हम अपने अंदर मौजूद खुशी और गर्व को महसूस नहीं कर लेते। जबकि खुद के द्वारा किए गए अच्छे कर्मों से उत्पन्न होने वाली खुशी हमारे जीवन का सबसे महत्वपूर्ण हिस्सा होती है। आभासी खुशी जितनी काल्पनिक होती है उतनी ही मानसिक रूप से बचकानी हरकत जैसी होती है

जो चेहरे पर आसानी से दिखाई देती है और यह मूर्खतापूर्ण सोच को जन्म देती है, हम अपने मन में किसी भी व्यक्ति के बारे में सोचते रहते हैं और मन ही मन खुश होते रहते हैं। जबकि वास्तविकता का इस खुशी से कोई लेना-देना नहीं होता, यह आभासी भ्रम की एक कल्पना मात्र होती है। जब भी कोई व्यक्ति किसी को अपना आदर्श मानता है तो वह अपने जीवन को उसके अनुसार जीने की कोशिश करता है। फिर वह अपने जीवन में अपने आदर्श के जीवन से अधिक सफलता की उम्मीद करने लगता है और यह व्यवहार हमारे जीवन को

प्रभावित करता है,फिर वह अपने हिसाब से खुशी की उम्मीद करने लगता है, जबकि जिस व्यक्ति को वह अपना आदर्श मानता है, उसकी खुशी को देखकर ही हम उसकी तुलना अपने जीवन की खुशी से करने लगते हैं और उसी तरह की खुशी को अपने भीतर तलाशते रहते हैं और उसी तरह की खुशी न मिलने पर दुखी हो जाते हैं।

लेकिन हमारा मन उसकी सफलता के पीछे के संघर्ष के बारे में नहीं सोचता, बल्कि वह तात्कालिक खुशी की तलाश में इधर-उधर भटकता रहता है और इसी वजह से हम दुखी होते रहते हैं, अगर हम किसी व्यक्ति को खुश देख रहे हैं। और अगर हम किसी को अपना आदर्श मानते हैं, तो बेहतर है कि हम उसके संघर्ष को भी जानें, बजाय इसके कि हम सिर्फ उसकी खुशी देखकर खुद से तुलना करके खुश होते रहें।

इंसान की सबसे बड़ी गलती यही होती है कि वह अपनी खूबसूरत जिंदगी को समझने की कोशिश करने की बजाय किसी और के हिसाब से अपनी जिंदगी जीने की कोशिश करता है। और यह समझना जरूरी है कि प्रकृति हर किसी को अलग और अलग-अलग गुणों से भरपूर बनाती है।

(जबकि हम यह अच्छी तरह जानते हैं कि अपने जीवन में हम अपने अनुभवों से ज्यादा दूसरों के अनुभवों से प्रेरित होते हैं। हर व्यक्ति को अपना जीवन अपने तरीके से जीना चाहिए क्योंकि हर व्यक्ति की अपनी समस्याएं और जरूरतें होती हैं और खुश रहने की वजहें भी अलग-अलग होती हैं

फिर क्यों एक व्यक्ति अपने दिल की धड़कन से ज्यादा किसी और की धड़कन को महसूस करने की कोशिश करता है, और क्यों वह अपने आदर्श के सुख के ग्राफ पर निर्भर रहना चाहता है। एक व्यक्ति सोचता है कि जब आदर्श खुश होगा, तो हम खुश होंगे, अगर वह दुखी होगा,

तो हम दुखी हो जाएंगे। इस भावना को समझना और गंभीरता से स्वीकार करना थोड़ा मुश्किल है लेकिन असंभव नहीं है। जबकि वह व्यक्ति जिसे वह अपना आदर्श मानता है, उसे नजरअंदाज करके लंबे समय तक खुश रह सकता है। उसे यह तय करना और समझना चाहिए कि वह अपने सुख और दुख का नियंत्रक खुद है,

क्योंकि सुख और दुख दोनों ही विकल्प हैं, और कौन सा विकल्प हमारे लिए सुरक्षित और स्पष्ट है, यह हमें खुद चुनना है। अगर जिस व्यक्ति को हम अपना आदर्श मानते हैं, उसके जीवन में कोई समस्या आती है और वह आम आदमी अपनी समस्या के कारण परेशान और दुखी होता है,

तो उसके सुख और दुख का किसी और पर क्या असर हो सकता है, और इसका बुरा असर नहीं पड़ना चाहिए क्योंकि हर व्यक्ति की अपनी समस्याएं होती हैं। उस समस्या का समाधान खोजने के बजाय, अपने परिवार के अलावा किसी और की

समस्या के बारे में सोचकर दुखी और चिंतित नहीं होना चाहिए। हमारी प्रकृति ने सभी मनुष्यों और जंगली जानवरों को एक समानांतर श्रेणी में रखा है जिसके कारण किसी भी जीवित चीज़ के जीवन और मृत्यु की प्रक्रिया समान है।

और ऐसा इसलिए संभव है क्योंकि वह जाने अनजाने में अपने जीवन की डोर किसी और के हाथों में दे देता है, उसके अपने मन का नियंत्रण किसी और के हाथों में चला जाता है। और वह खुद जानता है कि अब जानने के बाद भी वह उस जाल से आसानी से बाहर नहीं आ सकता,

अपनी समस्या का समाधान स्वयं ढूंढने के बजाय किसी और की समस्या के बारे में सोचकर दुखी और चिंतित होना अपने आप को धोखा देने जैसा है। किसी और के सुख-दुख को जानकर और मानकर अपने जीवन को कठिन नहीं बनाना चाहिए, अगर आप खुद चाहें तो जीवन बहुत सरल हो सकता है, अगर हम किसी को अपना आदर्श मानते हैं तो वह सिर्फ उसके अनुभव और कुछ अच्छी आदतें हो सकती हैं, उन सभी से सीखें।

उसे जीवन में डमी के रूप में नहीं लाना चाहिए। क्योंकि डमी में बुरे और अच्छे दोनों गुण होते हैं। इसी तरह हर व्यक्ति को कुछ बुरे और कुछ अच्छे गुणों का ज्ञान होता है, सभी के अच्छे गुणों से सीखें और उन्हें अपने जीवन में लागू करें। यह समझना आवश्यक है कि यह वास्तविक आभासी खुशी है,

इसका हमारे जीवन पर गहरा प्रभाव पड़ेगा और आप अपना जीवन जीने के बजाय किसी और का जीवन जीने लगेंगे, जिससे उस व्यक्ति को कोई फर्क नहीं पड़ेगा, हमारा जीवन उसकी छाया बनकर चलता रहेगा, यह आप पर निर्भर करता है, आप चाहें तो अपना जीवन जी सकते हैं, खुद खुश रह सकते हैं, और दुनिया में खुद खुशियाँ फैला सकते हैं।

हमारा समर्पण प्रकृति के प्रति है

एक प्राकृतिक स्थान जो मुझे सबसे अधिक पसंद है वह है:
नाम_________________________________ हमें क्यों पसंद है
______

समर्पण नोट्स

अपने जीवन के लक्ष्य यहाँ लिखें

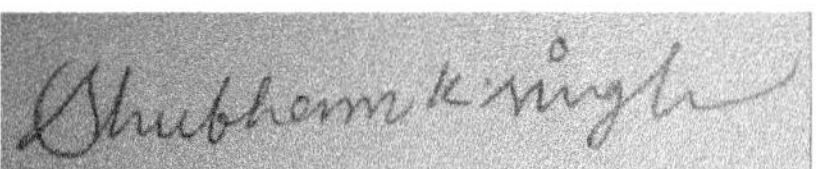

www.ingramcontent.com/pod-product-compliance
Lightning Source LLC
Chambersburg PA
CBHW040122150726

48005CB00015B/2327